MÁRTIRES,
CONFESSORES
E VIRGENS

Série A Igreja na História
Coordenadores: José D'Assunção Barros
Leila Rodrigues da Silva
Andréia Cristina Lopes Frazão da Silva

- *Papas, imperadores e hereges na Idade Média*
  José D'Assunção Barros
- *Mitos papais – Política e imaginação na história*
  Leandro Duarte Rust
- *Mártires, confessores e virgens – O culto aos santos no Ocidente medieval*
  Andréia Cristina Lopes Frazão da Silva e Leila Rodrigues da Silva (orgs.)

Dados Internacionais de Catalogação na Publicação (CIP)
(Câmara Brasileira do Livro, SP, Brasil)

Mártires, confessores e virgens : o culto aos santos no Ocidente medieval / Andréia Cristina Lopes Frazão da Silva, Leila Rodrigues da Silva, (organizadoras). – Petrópolis, RJ : Vozes, 2016 – (Série a Igreja na História).
Vários autores.
Bibliografia
ISBN 978-85-326-5312-3
1. Idade Média – História 2. Mártires cristãos 3. Santidade 4. Santos cristãos I. Silva, Andréia Cristina Lopes Frazão da. II. Silva, Leila Rodrigues da. III Série.

16-05619   CDD-272.092

Índices para catálogo sistemático:
1. Mártires cristãos : História : Cristianismo   272.092

Andréia Cristina Lopes Frazão da Silva
Leilla Rodrigues da Silva
(orgs.)

MÁRTIRES, CONFESSORES E VIRGENS

O culto aos santos no Ocidente medieval

EDITORA VOZES

Petrópolis

© 2016, Editora Vozes Ltda.
Rua Frei Luís, 100
25689-900 Petrópolis, RJ
www.vozes.com.br
Brasil

Todos os direitos reservados. Nenhuma parte desta obra poderá ser reproduzida ou transmitida por qualquer forma e/ou quaisquer meios (eletrônico ou mecânico, incluindo fotocópia e gravação) ou arquivada em qualquer sistema ou banco de dados sem permissão escrita da editora.

CONSELHO EDITORIAL

Diretor
Gilberto Gonçalves Garcia

Editores
Aline dos Santos Carneiro
Edrian Josué Pasini
José Maria da Silva
Marilac Loraine Oleniki

Conselheiros
Francisco Morás
Leonardo A.R.T. dos Santos
Ludovico Garmus
Teobaldo Heidemann
Volney J. Berkenbrock

Secretário executivo
João Batista Kreuch

Editoração: Fernando Sergio Olivetti da Rocha
Diagramação: Sheilandre Desenv. Gráfico
Revisão gráfica: Nilton Braz da Rocha
Capa: WM design
Ilustração de capa: Martírio de St. Thomas de Canterbury, by Master Francke, © 1430.

ISBN 978-85-326-5312-3

Editado conforme o novo acordo ortográfico.

Este livro foi composto e impresso pela Editora Vozes Ltda.

Sumário

Apresentação da coleção, 7

Prefácio, 11
Ronaldo Amaral

1 Mártires na Antiguidade e na Idade Média, 25
Valtair Afonso Miranda

2 Monges e literatura hagiográfica no início da Idade Média, 55
Leila Rodrigues da Silva

3 Santos e episcopado na Península Ibérica, 87
Paulo Duarte Silva

4 As ordens mendicantes e a santidade na Idade Média, 115
Carolina Coelho Fortes

5 Mulheres e santidade na Idade Média, 147
Andréia Cristina Lopes Frazão da Silva

Referências, 183
Documentação consultada, 183
Sugestões de leitura, 187

Os autores, 195

Apresentação da coleção

Com a Coleção *A Igreja na História*, a Editora Vozes traz a público um projeto que pretende se estender pelos próximos anos, oferecendo ao público leitor uma série de livros de autores brasileiros que se dedicarão a examinar diversas temáticas relacionadas à história da Igreja e do cristianismo, abordando questões transversais importantes que envolvem os vários atores históricos que participaram e participam desta milenar história, as diversificadas tendências entrevistas no cristianismo, as suas formas de relação com o mundo social-político e com outras formações religiosas, bem como os aspectos culturais, políticos, econômicos e imaginários que se entrecruzam nesta complexa história.

Dedicamos esta coleção a diversos tipos de leitores. Para além de beneficiar o público acadêmico de História, a intenção é trazer uma coleção que, escrita por historiadores, seja também interessante para outros segmentos do saber, como a Teologia, a Sociologia e a Antropologia. Sobretudo, almejamos atingir um público maior, não somente acadêmico, mas interessado em aprofundar conhecimentos sobre os diversos temas a partir de um ponto de vista histórico e historiográfico. Esse empreendimento é precisamente o maior desafio da coleção, uma vez que a intenção é conservar um nível adequado de complexidade, rechaçando o caminho mais fácil das grandes obras de divulgação que por vezes banalizam as discussões históricas e historiográficas, e ao mesmo tempo apresentar as discussões mais complexas em uma linguagem simples, imediatamente compreensível para o grande público, mas que continue captando o interesse do público acadêmico e mais especializado. Integramos este projeto ao grande movimento intelectual que, nas últimas décadas, tem oferecido uma contrapartida ao isolamento dos saberes especializados ao almejar diluir ou mesmo eliminar as fronteiras entre a universidade e a sociedade, sem que para isso seja necessário sacrificar a qualidade do conhecimento.

Os diversos volumes da coleção trazem uma atenta exposição *histórica* acerca das diversas temáticas examinadas, e cuidando para que esta seja devidamente acompanhada por uma discussão *historiográfica*. Dito de outra forma, apresentamos ao mesmo tempo a história de cada aspecto abordado, e as diversas análises historiográficas que têm sido desenvolvidas pelos historiadores, situando-as com referências bem estabelecidas e ainda trazendo ao leitor polêmicas que confrontam posições distintas nos meios historiográficos. Desta maneira, a coleção abre um espaço para a diversidade de pontos de vista, permitindo que o próprio leitor se situe em um patamar crítico e se faça sujeito de suas próprias escolhas em relação aos modos de compreender cada assunto examinado.

A coleção abarca todos os períodos históricos, da Antiguidade aos nossos dias, mas não se estruturará em uma ordem cronológica linear. O caráter aberto da coleção permite que cada novo título revisite transversalmente no tempo certo aspecto da história da Igreja e do cristianismo, ou então que se concentre em determinado período histórico na sua especificidade, mas sempre em uma ordem livre no interior da série, o que permitirá que a coleção prossiga indefinidamente enquanto houver interesse e demanda por novas temáticas a apresentar. Alguns volumes poderão constituir obras de um único autor, e outros poderão concentrar ensaios de autores diversos. As temáticas sempre apresentarão uma amplitude que tornará cada volume atraente para um número maior de interessados, evitando-se nesta coleção o hiperespecialismo e recorte mais específico das teses de doutorado. Em favor de temáticas que sejam relevantes para um número maior de leitores, e igualmente atenta em assegurar a produção de um conhecimento historiográfico que possa efetivamente se socializar para além dos limites estritamente acadêmicos, a coleção *A Igreja na História* inscreve-se neste propósito maior que é o de tratar com consciência histórica as temáticas relacionadas à história da Igreja e da religiosidade.

José D'Assunção Barros

Prefácio

Uma das funções mais sublimes do conhecimento é dar--se com abertura, sem comedimentos no fazer-se entender; ser claro, sensível e erudito. A erudição, no melhor de si, parece-nos ser esta capacidade de promover uma compreensão auspiciosa, assim como saber transformar um objeto complexo, prolixo em muitos de seus sentidos, em um discurso ou explicação inteligível e aprazível para os mais diferentes espíritos, desde que interessados. E essa é a premente característica que os leitores, que espero sejam muitos e entusiasmados, irão encontrar nesse belo livro dos historiadores Valtair Afonso Miranda, Leila Rodrigues da Silva, Paulo Duarte Silva, Carolina Coelho Fortes e Andréia C. Lopes Frazão da Silva. Todos são membros de um dos núcleos mais importantes de investigação sobre a história medieval no Brasil, e provavelmente o mais consolidado no estudo do fenômeno da santidade nesse período, o PEM – Programa de Estudos Medievais, núcleo do Instituto de História da UFRJ, que tem por mentoras exatamente as professoras Leila e Andréia. Leila Rodrigues da Silva e Andréia C. Lopes Frazão da Silva são doutoras em História Social e professoras da UFRJ, são, ademais, as coordenadoras do já referido PEM. Paulo Duarte Silva é doutor em História Comparada e professor desta mesma universidade. Carolina Fortes é doutora em História Social e professora de História Medieval da UFF. Valtair Miranda é doutor em Ciências da Religião e professor da Faculdade Batista do Rio de Janeiro.

Dirigido não só a um público de especialistas, mas, sobretudo, a estudantes universitários das mais diversas áreas, e a um público interessado mais amplo, estamos certos que este livro preenche uma lacuna na historiografia brasileira sobre a temática, tão instigante quanto complexa, sobretudo se apreendida na sua polissêmica possibilidade de investigação multidisciplinar acadêmica. Aliás, é o que fazem nossos autores, os quais, ainda que privilegiando uma abordagem precisamente histórica – a santidade durante a Idade Média – e sua implicação nas mais diversas estruturas daquela época, não deixam de abordar o tema à luz de outras disciplinas, como a Sociologia, a Linguística, a Antropologia e a Literatura, ou pelo menos a conceitos a elas pertinentes. Nesse sentido nada deixa a desejar aos colegas europeus que, ao menos na França, desde a primeira metade do século passado, vem buscando popularizar seus livros por meio de abordagens e de uma escrita mais convidativa e agradável, sem perder, contudo, a competência teórica, metodológica e o tratamento profissional e acadêmico de suas fontes e leituras especializadas.

O livro *Mártires, confessores e virgens – O culto aos santos no Ocidente medieval* apresenta em suas linhas mais gerais as variedades de formas e gêneros nas quais a santidade pôde se manifestar durante a Idade Média, e sempre de acordo com sua conformação e apreensão histórica mais específica e conjuntural. Deste modo, não deixa de abordar, como seu pano de fundo, a santidade como uma imagem arquétipa e profunda.

A santidade constitui-se, em sua natureza mais essencial e metafísica (entendida aqui como a ciência que busca a verdade última das coisas e dos seres), em um arquétipo que, como tal, é uma imagem transcultural e transtemporal. O santo é, pois, sob essa perspectiva, a personificação e a encarnação histórica da santidade, porque sociocultural e espaçotemporalmente manifestada e corporificada. Cristalizando-se na existência histórica por meio de seu hagiógrafo, que transmite necessariamente um imaginário acerca de sua pessoa e das circunstâncias nele envoltas, que são sempre e necessariamente miraculosas. Ele deve transcender a vil condição humana, sendo capaz, portanto, entre outras capacidades, de comunicar-se com o sobrenatural e dele participar. O santo – o mártir, o monge, o bispo, o cônego, o conventual, o leigo –, seja qual for seu *status* religioso ou clerical, é um homem encarnado, mas que, no entanto, superou a condição meramente humana e seus limites inerentes. Com efeito, tal condição "maravilhosa", que o liga mais ao imaginário e às estruturas psicossociais, não é aquela abordada aqui por nossos autores. Historiadores, competentes conhecedores do mundo social e cultural medieval, sem que deixem escapar um igual e competente conhecimento das estruturas políticas e econômicas do período, estão mormente preocupados em nos apresentar o santo como um personagem histórico, espacial e temporalmente investido, social e culturalmente implicado.

Os santos, conforme demonstra este livro, foram homens e mulheres que assumiram um papel de protagonismo social. Inspirados no seu modelo mais excelso, o Cristo, promoveram justiça social, compartilhando ou doando seus bens, fundando mosteiros para as necessidades espirituais e materiais do homem do período; intervindo junto a Deus para escapar da fome as populações, obtendo chuva em tempos de estiagem e evitando a escassez de futuras colheitas sem grãos para o plantio; curando doenças físicas e mentais que, ao fim e ao cabo, acreditavam-se de natureza espiritual (como acreditamos hoje serem muitas de nossas patologias de ordem psicossomáticas além de suas razões biofisiológicas), como o afastamento da graça e da proteção de Deus em função do pecado, ou em função da ingerência do demônio na vida humana que provocava, além dos males físicos e psíquicos, sensações como a preguiça, o desejo pelo sexo, a inveja[1] etc. Se partimos da premissa que as feituras sobrenaturais dos santos podem ser historicamente mensuradas, uma vez que visam e tocam a experiência humana, social e culturalmente manifestada, gerando percepções e sentimentos que podem se cristalizar em representações as mais diversas, como as literárias e artísticas, nossa gama para o estudo do santo na sua função histórica poderá se abrir ainda mais e de forma mais sensível.

A literatura que fora relegada pelos historiadores tradicionais, sobretudo os do século XIX, como fonte histórica espúria ou menor diante dos documentos oficiais (cartas, testamentos, bulas papais, tratados políticos etc.), por cuidar de descrever mais os sentimentos que as ações "concretas" humanas, passou então a ser considerada como fonte histórica. Esse é o caso da hagiografia, uma vez que o próprio santo, o seu principal objeto, também foi promovido à historicidade para além de seu lugar já consagrado na teologia, na literatura (entendida então como ficção) ou nos manuais de uso devocional. A elevação do santo como objeto histórico,

---

1. Referimo-nos aos oitos maus vícios, expostos e sistematizados por Evrágio Pôntico em seu *Tratado prático*, os mesmos que dariam, durante a Idade Média, origem aos "sete pecados capitais".

por sua vez, deveu-se à própria abertura dos historiadores às mais variadas circunstâncias do ser e do agir humano, agora percebidas e verificadas por meio da antropologia, da psicologia, da fenomenologia religiosa e até da psicanálise.

A fonte mais privilegiada para o estudo da santidade, a hagiografia, passou a ser apreendida como um documento histórico rico em informações sobre a vida cotidiana, as emoções, os sentimentos religiosos mais sensíveis, espontâneos e idiossincráticos das populações, ou seja, a religiosidade. Por fim, nela podemos encontrar as expressões do sagrado manifestas na vida humana em suas formas mais vívidas, livres dos cerceamentos ideológicos e dos discursos próprios dos documentos oficiais religiosos. E vale destacar que este livro cuida igualmente de nos apresentar a hagiografia como uma das fontes mais importantes para o conhecimento do fenômeno da santidade na Idade Média.

Poderíamos salientar ainda elementos comuns que são percebidos e tratados recorrentemente por nossos autores, uma vez que seu objeto igualmente comum, o santo, na sua percepção mais popular, constitui-se em um imaginário, ou, ainda, uma imagem coletivamente construída e aceita, para além de suas particularidades temporais e culturais. Assim, todos os nossos autores, com maior ou menor recorrência, puderam verificar que o santo é aquele que segue e testemunha na carne e no espírito ao Cristo; que dá a sua vida ao serviço dos mais necessitados; que escapa ao mundo e ao mundano unindo-se cada vez mais à realidade do espírito, seja por internar-se no deserto, seja pela vida de ascese e orações que pratica, ou, ainda, pelo verdadeiro altruísmo evangélico que levaria mesmo ao abandono de si, de seus sentimentos e desejos. O santo é também aqui apresentado como um herói, o herói da fé, e como tal deve ser visto como uma projeção de um modelo anterior, da tentativa de realizar ou superar em si algo ou alguém que também é, ele mesmo, um ideal. O santo é um herói cujo modelo a ser seguido e imitado é mais do que uma escolha individual, é uma construção coletiva, social e cultural informada, até mesmo porque deve atender as expectativas e as superações que são sempre e também do coletivo.

Tratar da dinâmica histórica de um fenômeno que, como categoria mental, pode ser visto como irrepreensível a toda mensuração espaçotemporal e cultural é uma das virtudes deste livro. Como muito bem demonstram os capítulos aqui encontrados, o santo é um fenômeno histórico, pois sua própria percepção, ou valoração como tal, também é historicamente modificada ou construída. Os gêneros que a santidade pôde encarnar estão aqui dispostos em conformidade às especificidades espaciais e conjunturais dos períodos que compõem a Idade Média. Diante dessa dinâmica histórica ascendente, percebamos que o santo deixa de ser aquele que atinge tal dignidade por uma escolha quase inteiramente pessoal e conduzido por sua livre disposição do espírito em direção àquilo que compreenderia e experimentaria como o sagrado. Ele se torna aquele que seria reconhecido como tal por um documento canônico ou graças a sua anterior inserção em uma vida regular ou conventual. De todo modo, a partir deste momento, a Igreja passa a conter e a forjar os santos, e mesmo suas relíquias.

A Antiguidade Tardia ou a Alta Idade Média, por sua vez, período particularmente privilegiado pelas abordagens da Profa. Leila e do Prof. Valtair, estava mais sujeita ao gênero de santidade caracterizado precisamente pelo mártir e pelo monge. Este é um período de forte percepção gnóstica, no qual tanto a religiosidade quanto a filosofia se voltavam às realidades suprassensíveis ou divinas, e a dicotomia entre a matéria e o espírito se exasperava. A matéria era concebida pela filosofia neoplatônica reinante no período, de modo particular em ambientes religiosos, como ausência de ser (portanto não era má em si, mas recalcitrante ou impeditiva do Bem). Para os cristãos e para os neoplatônicos mais austeros, a matéria era o conduto do mal, instrumento de manipulação dos espíritos demoníacos para perder os homens, quando não era em si mesma torpe e maléfica por ter sido criada por um espírito débil e ignorante (como acreditavam os gnósticos cristãos). Então sair do mundo buscando a morte desse corpo significava, no fundo, a obtenção da vida verdadeira, que residiria no espírito e na sua realidade congênere, o Reino dos Céus, lugar conatural de todos os eleitos. Passar a viver no deserto ou em uma comunidade igualmente à parte da vida social mundana, ou, ainda, minimizar a condição humana pelas mortificações, como fariam os monges, e os eremitas em particular, era igualmente fugir ao mal desse mundo e unir-se, como em uma antessala do paraíso, ao próprio Deus com o qual se podia conversar e interceder por aqueles que não atingiram tamanho grau de dignidade espiritual.

O santo desse período era aquele que, sofrendo nesse mundo, encarando heroica e satisfatoriamente a morte ou a renúncia aos bens e mesmo às suas necessidades mais elementares, como aquelas que se manifestavam como sentimentos (os vícios), encontrava-se a meio-caminho desse mundo em direção à vida transcendente; era o eterno peregrino, o gnóstico, no sentido de ser aquele que conseguira atingir com o coração a verdade que reside em Deus; é, ademais, aquele que já reside em um outro lugar, um lugar próprio dos espirituais, mas com os pés nesse mundo ainda. Por isso pode levar ou trazer as preces dos fiéis a Deus e alcançar para eles com as mãos as benesses que só estariam reservadas inteira e diretamente a eles, homens santos, por mérito e participação com o divino.

Mas a partir dos séculos que inaugurariam a Idade Média Central, as estruturas materiais e mentais mudariam e com elas também a religiosidade e as filosofias teológicas. O maior apego a esse mundo, por uma retomada da visão aristotélica em relação à sua natureza, o tornaria agora se não definitivamente amado, ao menos não mais rechaçado ou inteiramente demonizado. Em função disso o santo, ou mais particularmente a santidade, poderia definitivamente infundir-se nesse mundo e mesmo utilizar-se de seus elementos e dinâmica como forma de manifestação. Começam a emergir as figuras de santos bispos (como se vê no capítulo terceiro produzido pelo Prof. Paulo Duarte), embora os primeiros casos ocorridos no período de transição entre a Alta e a Idade Média Central ainda sejam oriundos de ambientes monásticos e a ele devam, na maioria das vezes, as razões para esse designo. De todo modo, os bispos, vigias do bem-estar material e espiritual da sua comunidade, tornar--se-iam santos precisamente por se verem inseridos no meio social e mundano, especialmente das cidades.

Igualmente nas cidades, resgatando ou confortando corpos e almas, evangelizando, pregando ou mesmo julgando, encontraremos os santos mendicantes, franciscanos e dominicanos. São Francisco (aqui particularmente discutido pela

Profa. Carolina Fortes) é seu exemplo melhor acabado. O mundo agora é digno de amor; é a criatura saída diretamente da mente e das mãos de Deus. Deus o fez e o conduz embora não se confunda com ele, haja vista que terá um fim, e não porque é mal, mas porque deverá dar lugar a um bem maior.

A seguir, pontuemos, brevemente, algumas importantes colaborações de cada capítulo.

O primeiro capítulo, "Mártires na Antiguidade e na Idade Média", escrito por Valtair Afonso Miranda, apresenta-nos o martírio sob a perspectiva da longa duração histórica. Mostra o autor que o martírio é um fenômeno encontrado em outras culturas além da cristã e, no interior dessa, assumiu mutações tanto em decorrência do termo que a designa quanto das formas e modelos que viriam a assumir ao longo do tempo. Dar a vida como testemunho; vencer a morte; imitar a Cristo, o "mártir por excelência que expiou toda a culpa da humanidade ao entregar-se na cruz"; liberar-se das amarras desse mundo que encerra e leva ao pecado, são algumas conotações apontadas pelo autor e que foram atribuídas ao longo da história à palavra e à própria entidade do mártir. A par de todo esse trabalho, e como seu ponto de origem, o autor nos apresenta uma arguta crítica etimológica e semântica do termo em questão.

Por sua vez, o texto de Leila Rodrigues da Silva, "Monges e literatura hagiográfica no início da Idade Média", insere-nos no coração do mundo da Antiguidade Tardia e da Alta Idade Média e, como consideramos, no seu núcleo mais pulsante: a religiosidade monástica. O monaquismo, sobretudo o eremítico, deu ao cristianismo os modelos mais tenazes e recorrentes da santidade evangélica: fuga do mundo e do pecado, ascese negativa para liberar-se dos vícios irascíveis e conceptíveis, adquirindo concomitantemente as virtudes próprias do homem espiritual; enfrentamento do demônio, o mal maior da humanidade, o ser considerado responsável por todos os outros males, corporais, naturais e espirituais. O texto da Profa. Leila ainda nos brinda com a possibilidade de conhecer melhor a religiosidade cristã ibérica, da qual somos os mais diretos devedores, principalmente nas suas expressões do imaginário e, mais concretamente, das práticas religiosas ascéticas e místicas, encontradas, sobretudo, nos meios em que a religiosidade popular se vê especialmente aflorada, na América Latina e no Brasil.

O capítulo seguinte, "Santos e episcopado na Península Ibérica", de Paulo Duarte Silva, exibe-nos a "evolução" da santidade que, da Alta Idade Média à Idade Média Central, reveste-se cada vez mais de lugares e funções clericais. Deste modo, o bispo, dado o seu papel de premência social e espiritual na sociedade medieval, que caminhava deliberadamente em direção a uma sociedade clerical, será um forte modelo para a santidade no período. Sobretudo, aquela santidade requerida e atestada pela Igreja, uma vez que tal instituição teria um influxo crescente e definitivo em todos os âmbitos da vida humana. Assim, o autor nos mostra que o santo despe-se cada vez mais, Idade Média adentro, do hábito monacal ou do cajado eremítico para revestir-se com a mitra e o báculo episcopal.

O Prof. Paulo identifica alguns casos em que o santo assumirá ambos os papéis, de monge e de bispo, concomitantemente ou deixando uma função em lugar de outra. Mas, de todo modo, será sempre o estilo de vida religiosa, em função do bom testemunho de vida cristã que representava, que fará do bispo um santo. Este, portanto, assistirá a um processo de institucionalização de seu próprio *status* nesse período e em dois sentidos: ao encarnar-se em um clérigo, como é aqui o caso do bispo; e ao ser aclamado como tal pela outorga da Igreja, uma vez que a partir do século XII caberia ao papa, pelo processo de canonização, "forjar" o santo. Sublinhe-se que isso nunca substituiria ou escamotearia a "canonização popular". A única, a nosso ver, que poderia fazer um santo mais real, pois ele próprio é, como vimos, uma feitura coletiva, social e imaginária.

O quarto capítulo, de Carolina Coelho Fortes, "As ordens mendicantes e a santidade na Idade Média", apresenta-nos um inédito lugar a ser assumido pelos santos, uma vez dentro de um contexto socioeconômico e cultural novo para um também novo gênero de santidade: o mendicante, aquele que renuncia a uma realidade humana farta de benesses materiais e à própria Igreja institucional e poderosa, também perdida à mundanidade. Nesse contexto, os mendicantes sairiam do claustro, iriam ao encontro dos mais pobres e dos marginalizados pelo processo de urbanização que passou a sociedade medieval desse período, sobretudo a partir do século XIII. O acúmulo de bens materiais e a melhor qualidade de vida que marcaram o momento também tornaram aguda a necessidade de retornar a uma vida evangélica, simples, despojada, voltada ao outro (sobretudo o despossuído), mais do que a si mesmo, em virtude de um franco processo de individualização que será coroado com o advento da Revolução Industrial e da Modernidade.

É, nesse contexto, de medo pela consciência de ver-se atraído pelos bens materiais desse mundo contrapostos ao espírito, de busca de respostas às ansiedades e às disparidades deixadas por esse momento histórico, que vemos surgir, como aponta a autora, entre outros, a paradigmática figura de São Francisco e as ordens mendicantes, dentre as quais se contam ainda os dominicanos de Domingo de Gusmão. São Francisco é, nesse período, o santo por excelência, uma vez que o modelo de santidade que sugere e encarna é historicamente o mais servível à piedade e às necessidades da Cristandade à época, inclusive no seu teor de contestação à Igreja, que deixava de seguir evangelicamente a Cristo.

Andréia C. Lopes Frazão da Silva, em "Mulheres e santidade na Idade Média", cuida de um aspecto da santidade pouco explorado ainda pela historiografia sobre o período, e por isso somos gratos a ela. A autora mostra que a mulher, sobretudo no âmbito da religiosidade e da religião clerical cristã medieval, ocupou papel destacado antes mesmo do século XII, período do culto mariano. Neste momento, a devoção à Virgem Maria é mais amplamente promovida pela Igreja no bojo daquele sentimento de maior humanização do Cristo e de sua intervenção na vida da história. Assim a figura de Eva, pela qual entrou o pecado no mundo, foi substituída pela de Maria, que proporciona a salvação no mundo, pois mãe do próprio Deus e salvador da humanidade, a *theotokos* dos gregos cristãos, tão imortalizada pelos ícones reproduzidos até hoje. Contudo, e a despeito desse fenômeno relativamente tardio, a autora mostra diversos documentos que denotam que a mulher, revestida pela santidade, foi uma constante na vida religiosa da Idade Média, e desde seus inícios. Aclara também que a santidade feminina assumiria tantas características e idiossincrasias quanto o requisitasse o período histórico mais específico que a via surgir.

Deixamos aqui o leitor, convencidos de que temos ante nossos olhos um livro sério, de grande rigorismo profissional e acadêmico, mas igualmente de grande sensibilidade e acessibilidade, pois, para além da concretude da letra, o leitor também encontrará seu espírito vívido, comunicante e aclarador, uma vez que comporta a melhor subjetividade.

Ronaldo Amaral
Professor da Universidade Federal de Mato Grosso do Sul

1

Mártires na Antiguidade e na Idade Média

Valtair Afonso Miranda

No dia 7 de fevereiro de 1568, uma crônica anônima foi impressa em Coimbra. Nela, seu autor se propõe a narrar a morte de cinco missionários franciscanos ocorrida em Marrocos há 348 anos. O cronista conta como eles saíram da Europa e chegaram ao território da missão, mas o ponto alto da sua história é justamente o momento em que o sultão corta a cabeça dos missionários:

> jazendo seus corpos no chão, não contente nem farto daquela crueldade, com dobrada fúria pediu outras duas espadas e com todas três os degolou, um após outro, fazendo neles uns golpes cruéis e muito feios, de onde saiu aquele precioso sangue, enchendo e lavando a terra do pátio[1].

A obra se deleita em narrar a forma como os missionários acabaram mortos, arrastados e parcialmente queimados.

---

1. A crônica em questão é o *Tratato da vida e martyrio dos cinco martires de Marrocos enviados per São Francisco* (Coimbra, 1568). Cf. PACHECO, M.P.D. Os protomártires de Marrocos da Ordem de São Francisco: muy suave odor de sancto martyrio. *Revista Lusófona de Ciências das Religiões*, ano VIII, n. 15, 2009, p. 85-108, p. 95, Lisboa. No original há várias letras com til, o que não foi possível reproduzir. A linguagem também foi atualizada para facilitar a leitura.

Seus restos mortais foram então recuperados por cristãos da cidade, que, com exceção das cabeças, cozinharam suas carnes para que soltassem dos ossos. Estes foram então banhados com perfumes e óleos especiais e encaixotados para que, como uma carga muito preciosa, retornassem para a Europa. O tesouro viajou em duas caixas: em uma seguiu a ossada descarnada; na outra, as cabeças ressequidas ao sol.

Que tipo de fenômeno histórico e literário é este? Para quem histórias como estas foram narradas? Que interesses estavam sendo atendidos nesta peculiar representação do sofrimento e da morte? Para responder a estas questões olharemos para a antiga tradição cristã do martírio, buscando entender de que maneira essa tradição se manifestou e foi utilizada em diferentes circunstâncias pelas comunidades cristãs.

Um conceito de martírio

H. Strathmann define "martírio" por meio de uma abordagem etimológica. Ele argumenta que as formas básicas mais antigas são os nominativos gregos *martys*, *martyros* e *martyr*, que parecem ter origem na raiz grega *smer*, cuja tradução seria "ter em mente", "lembrar", como na palavra grega *mermeros* ("aquele que delibera", "aquele que pensa bastante"), ou nos verbos *mermairo* e *mermerizo* ("considerar", "deliberar"). Os termos latinos *memor* e *memoria* têm uma íntima associação com estas antigas expressões gregas. É neste sentido que o mártir era aquele que lembrava, aquele que tinha conhecimento de alguma coisa e podia apresentar sua palavra a respeito do assunto em questão[2].

---

2. STRATHMANN, H. Martys, martyreo, martyria, martyrion. In: KITTEL, G. (ed.). *Theological Dictionary of the New Testament*. 10 vol. Grand Rapids: Eerdmans, 1968, vol. VI, p. 475.

Nesta mesma linha, o verbo *martyrein* significava "ser uma testemunha", "agir como uma testemunha" ou, simplesmente, "testemunhar algo". O substantivo secundário *martyria*, como vários nomes gregos com a mesma terminação, possuía significado mais abstrato, indicando o comportamento da testemunha. Já *martyrion*, como outros termos gregos terminados em *ion*, tinha uso mais concreto e apontava para a prova da testemunha.

Estes termos aparecem em demandas judiciais, quando um relato precisava ser conferido ou desmentido. É também com esta mesma acepção básica que eles podem ser encontrados na Septuaginta[3] (a versão grega das Escrituras judaicas) e na maioria das ocorrências do Novo Testamento cristão[4] (também em grego). Mas pouco depois de 155 da Era Comum, quando um autor anônimo da Igreja de Esmirna, na Ásia Menor, escreveu um documento intitulado *Martírio de Policarpo*, o sentido do termo já apareceu ampliado:

> Irmãos, nós vos escrevemos a respeito dos mártires e do bem-aventurado Policarpo, que fez a perseguição cessar, selando-a com o seu martírio. [...] Felizes e generosos todos os mártires que surgem segundo a vontade de Deus (*Martírio de Policarpo*, 1.1; 2.1).

Neste documento, "martírio" não é apenas "testemunhar", ou "confirmar a veracidade de alguma história". Martírio é a morte da testemunha e mártir é a testemunha que morre. Ele trata da morte do idoso bispo da Igreja de

---

3. *Martyrion*, com mais de 290 ocorrências, *martyria*, com 12, e o verbo *martyreo*, com 17, são os termos mais comuns.

4. O verbo *martyreo* ocorre 76 vezes; *martyria*, 37; *martys*, 35.

Esmirna, Policarpo, no contexto de uma perseguição na cidade, provavelmente no início do ano de 155. Eusébio de Cesareia, posteriormente, contará que Policarpo foi queimado vivo numa arena (*História eclesiástica*, IV, 15, 28).

A crônica do martírio do líder dos cristãos de Esmirna é importante porque parece ser um dos mais antigos documentos do cristianismo antigo escrito especialmente para descrever a morte de um cristão. No documento, a ideia de testemunho permaneceu no "martírio", mas o contexto judicial foi minimizado. Agregou-se a ele também a noção de sofrimento. Como resultado, mártir é aquele que sofre para testemunhar. No cristianismo do segundo século, o termo passou a designar uma pessoa que experimentava o sofrimento e, eventualmente, a morte, em função de sua pertença ao movimento de Jesus.

Os mártires macabeus

É possível apontar algumas tradições que tiveram papel importante na forma como o cristianismo transformou o termo "martírio". Uma dessas veio das antigas histórias a respeito de judeus que morreram no confronto com monarcas helenistas, em meados do segundo século antes da Era Comum, durante políticas de helenização dos sucessores de Alexandre o Grande. Antíoco Epífanes (c. 215-164), rei selêucida da Síria, proibiu diversas práticas religiosas e tornou obrigatórias outras tantas práticas pagãs em Jerusalém e nos territórios do antigo Israel. A pressão grega acabou levando o Sacerdote Matatias, auxiliado por seus cinco filhos (1Mc 1,1-69), a instaurar o conflito que ficou conhecido como Guerra dos Macabeus.

Não demorou muito e os filhos de Matatias, escondidos nas cavernas da Palestina, receberam grupos e grupos de homens dispostos a lutar contra os gregos. Como as forças de Antíoco eram maiores, mais organizadas e fortes, a possibilidade de enfrentar a morte era bem real. Os judeus evitaram o confronto direto, preferindo a tática de guerrilha. De qualquer forma, segundo o autor de 2 Macabeus, que escreveu seu livro algumas décadas depois dos conflitos, isso não impediu a morte violenta de muitos judeus, e a tortura de outros tantos para se adequarem aos costumes gregos. Alguns destes relatos são significativos para nossa compreensão do martírio. Um deles é a história dos sete filhos de uma viúva que se recusaram a comer carne de porco por causa de suas leis religiosas (2Mc 7,1-42). Esta é a descrição da morte do primeiro filho:

> O rei, enfurecido, ordenou que se pusessem ao fogo assadeiras e caldeirões. Tornados estes logo incandescentes, ordenou que se cortasse a língua ao que se havia feito porta-voz dos outros, e lhe arrancassem o couro cabeludo e lhe decepassem as extremidades, tudo isto aos olhos dos outros irmãos e de sua mãe. Já mutilado em todos os seus membros, mandou que o levassem ao fogo e o fizessem assar, enquanto ainda respirava. Difundindo-se entre si abundantemente o vapor da assadeira, os outros exortavam-se entre si e com sua mãe a morrer generosamente (2Mc 7,3-5).

A narrativa é longa e conta os pormenores do suplício de cada filho diante dos olhos da mãe. Por fim, ela mesma foi morta também com violência. Numa história como esta não basta morrer. É preciso sofrer muito. Os filhos da viúva foram escalpelados, mutilados, assados em assadeiras, cozinhados em caldeirões. Eles tiveram seus membros amputados, seus ventres abertos, seus olhos furados e suas línguas decepadas. Antes de cada morte, pequenos diálogos foram trocados entre torturado e torturador, construídos para evidenciar a coragem e a fé daqueles que sofriam.

Outra história narrada pelo mesmo autor apresentou o drama do ancião Razias (2Mc 14,37-46), que durante um cerco dos soldados helenistas, percebendo que acabaria capturado, atirou-se contra a própria espada. Só que, antes de morrer, ainda encontrou forças para arrancar as próprias entranhas e arremessá-las contra aqueles que o cercavam. O gesto funcionou em duas direções: assustou os adversários e encheu os judeus de coragem.

Relatos de guerra são cheios de cenas de violência, mas as descrições de 2 Macabeus são marcantes por alguns aspectos. Primeiramente, parecem indicar que o confronto começou em função de querelas religiosas. Na ótica do autor anônimo, os judeus lutavam não necessariamente pelo controle de um determinado espaço de terra, mas pela liberdade de praticarem seu culto e seus ritos religiosos. É uma guerra por seu Deus, e por isso era uma guerra santa. Em segundo lugar, a plasticidade das mortes violentas promoveu um tipo determinado de herói. Este é aquele que morreu violentamente em função de sua religião. Os descendentes desses heróis, após o fim dos conflitos, e ao assumirem o domínio sobre a Judeia, exaltarão a memória de seus irmãos mortos violentamente. O termo "mártir" não chegou a ser usado para descrever os heróis macabeus, mas suas histórias inspiraram muitos cristãos como Policarpo, um dos mais antigos cristãos a receber este título.

O sofrimento de Jesus

Um segundo elemento importante para compor o conceito de martírio cristão veio da morte de Jesus, o fundador do movimento. Apesar do autor do Evangelho de Mateus argumentar que o sofrimento do filho de Maria já era esperado (Mt 16,21), dificilmente seus discípulos, que desceram da Galileia para Jerusalém em algum momento da década de 30 do primeiro século, imaginaram que seu Mestre iria encontrar um fim tão violento. Ele foi morto alguns dias depois de chegar à cidade, pregado pelas mãos e pés numa cruz romana.

O período imediato após a morte de Jesus foi de perplexidade para seus seguidores. As tradições messiânicas judaicas divergiam bastante quanto ao perfil do messias, figura política e religiosa que seria enviada por Deus para libertar o povo da opressão estrangeira e implantar seu reino na terra. Mas, de uma maneira geral, nenhum destes grupos aguardava um destino tão doloroso para seu messias.

Justamente por causa das expectativas messiânicas, a notícia da ressurreição, que começou a correr pouco depois da morte de Jesus, não era suficiente, isoladamente, para impedir o colapso do movimento. Não bastava dizer que ele havia ressuscitado. Era preciso refletir sobre o lugar da sua morte no contexto das tradições messiânicas. A resposta destes discípulos, verbalizada em fontes tão antigas quanto as cartas de Paulo (1Cor 15,1-58), pouco mais de uma década após a morte de Jesus, apontava para a definitiva necessidade da morte. A descrição que o antigo Profeta Isaías (século VIII antes da Era Comum) fizera do "servo sofredor" (Is 53,1-12) ajudou as comunidades de discípulos a reinterpretarem o sofrimento e a morte de seu Mestre. Para estas pessoas era preciso que Jesus morresse de forma dolorosa e violenta para que Deus liberasse o perdão dos pecados e salvasse a humanidade.

Um convite ao martírio

De qualquer forma, esse debate sobre o perfil messiânico de Jesus retornou no último livro das Escrituras cristãs, o Apocalipse de João. O livro foi escrito por um judeu de nome João durante um exílio na Ilha de Patmos, uma ilha da costa do Mar Egeu, bem próxima da já mencionada cidade de Esmirna. Não se sabe ao certo como ele se envolveu com o movimento de Jesus, mas o período de produção do Apocalipse foi, provavelmente, a última década do primeiro século da Era Comum. Os discípulos de Jesus já haviam passado por duas grandes crises. A primeira, durante a década de 60, quando o Imperador Nero ordenou a morte de vários de seus membros em função do incêndio de Roma. Tácito (c. 60-c. 120)[5] e Suetônio (c. 75-160)[6] são unânimes em descrever a forma violenta como os discípulos foram torturados e mortos nos estádios. Uma segunda crise, nesta mesma década de 60, desabou sobre o berço do movimento, a Judeia, como resultado da Guerra Judaico-romana, que foi do ano 66 até 73, e teve como clímax a destruição de Jerusalém e do Templo judaico. Segundo Eusébio de Cesareia (*História eclesiástica*, III, V, 3), os membros do movimento de Jesus escaparam da destruição de Jerusalém ao fugir para as montanhas de Pela, um pequeno povoado na margem oriental do Rio Jordão. Mesmo assim, eles devem ter experimentado

---

5. TÁCITO. Annales. In: BETTENSON, H. *Documentos da Igreja Cristã*. São Paulo: Aste, 2007, p. 26-27.

6. SUETÔNIO. *Vita Neronis*. In: BETTENSON, H. Op. cit., p. 28.

a destruição do Templo e a consequente morte de diversos judeus como eventos dramáticos.

Estas duas crises estão subjacentes à postura violenta do autor do Apocalipse em relação ao Império Romano. Há muitos fragmentos desta obra que parecem ser alusões aos discípulos que morreram em um ou em outro evento promovido pelo império, o que explicaria parcialmente a importância que o sofrimento e a morte ocupam na obra. O autor do Apocalipse vinculou martírio, anteriormente entendido apenas como testemunho, ao sofrimento e à morte. Ele denominou Jesus de mártir fiel (*martys pistos* – Ap 3,14), como já havia feito com Antipas, um dos membros da Igreja de Pérgamo que morrera recentemente (Ap 2,13).

O termo *martyria* aparece nove vezes no Apocalipse de João, geralmente com o vínculo peculiar entre sofrimento e testemunho[7]. Uma das passagens importantes para ilustrar o uso do martírio no Apocalipse está no capítulo sexto do livro, quando o autor descreveu a abertura de um livro selado com sete selos (Ap 6,1-17), estratégia literária para narrar eventos escatológicos. A cada selo, cenas típicas da tradição apocalíptica judaica são narradas, adaptadas a um esquema literário maior. O quinto selo e a consequente cena apresenta um grupo de pessoas debaixo do altar (Ap 6,9-11). Ali reunidos estão homens e mulheres que morreram por causa do testemunho (*martyria*). Estão seguros onde se encontram, mas não estão sossegados. Elas querem saber quando é que o seu sangue será vingado por Deus. Como resposta, ouvem uma espécie de enigma apocalíptico: "Foi-lhes dito

---

7. No restante do Novo Testamento, o uso jurídico do termo, comum à língua grega e à Septuaginta, predomina.

que repousassem por mais um pouco de tempo, até que se completasse o número de seus companheiros e irmãos, que iriam ser mortos como eles foram" (Ap 6,11).

Segundo o autor do Apocalipse, Deus vai trazer justiça sobre todos os que mataram seus seguidores, mas antes é preciso que se complete uma determinada cota de discípulos que deverão morrer. Com isso ele dá uma resposta pouco comum para a pergunta frequentemente levantada em círculos judaicos sobre quando o juízo divino viria sobre a terra. O juízo virá quando um número específico de pessoas tiver morrido da mesma forma como aqueles que já estão debaixo do altar o foram. E como eles morreram? Por meio de uma morte violenta, como a dos discípulos queimados por Nero ou degolados na invasão de Jerusalém pelos soldados do general romano Tito.

A leitura do quinto selo, caso tivesse o efeito almejado, deveria promover nos leitores o desejo de receber a tal morte violenta, pois somente quando certo número delas tiver acontecido viria o juízo final. Sem morte violenta não haveria sequer a vitória final de Deus. Morrer desta forma era uma maneira de participar da instauração do reino messiânico sobre a Terra, já que, segundo esta cena do Apocalipse, existe um número de mortos para ser alcançado, e somente depois disto é que o mal será derrotado definitivamente.

Outra passagem significativa desta mesma perspectiva está bem no meio do Apocalipse, quando o autor narrou uma guerra celestial entre o Arcanjo Miguel e satanás (Ap 12,7-12). O conflito se desenvolve com a derrota da antiga figura judaica do mal, mas as causas de sua derrota não se dão em termos tradicionais. Segundo o Apocalipse, ele foi derrotado por causa do sangue de Jesus e do testemunho (*martyria*) dos irmãos (Ap 12,11). O primeiro elemento pode ser interpretado como a já tradicional explicação que as igrejas davam para a morte de Jesus, morte essa que teria sido parte estratégica de um plano de vitória sobre as forças do mal, representadas pela figura cósmica de satanás. O segundo elemento, neste caso, é derivado do primeiro. Se a morte de Jesus teve um papel na derrota do mal, a morte dos seus discípulos teria semelhante função. Para não deixar dúvida sobre o tipo de testemunho (*martyria*), o autor acrescentou: "pois eles desprezaram a vida mesmo diante da morte". É outra maneira de dizer que os discípulos só alcançariam a vitória através do martírio. A morte de Jesus deveria ser imitada pelos seus discípulos.

O autor de Apocalipse olhou de forma crítica para a situação desconfortável da sua época, e com isso escreveu um livro que apresenta a perspectiva de que "quanto pior, melhor". Se alguns discípulos de Jesus já tinham morrido em função de sua fé, muitos outros iriam alcançar este mesmo destino. A perseguição, o sofrimento, a morte eram elementos necessários para que a vitória chegasse. O Apocalipse descreve um período de paz e felicidade para o futuro da humanidade no final dos tempos (Ap 20,1-6), mas para que isso efetivamente acontecesse, para que a felicidade imperasse na Terra, era preciso que muitos homens e mulheres derramassem o seu sangue. Na forma como foi transmitido, ele idealiza a autoestigmatização, o sacrifício e a morte, fazendo por meio de imagens e símbolos um convite ao martírio.

O verdadeiro discípulo de Jesus

Não se sabe ao certo como as igrejas da Ásia receberam o convite do Apocalipse, mas a ideia do martírio como imitação da morte de Jesus apareceu novamente por volta de 107-110 numa carta que Inácio, o bispo de Antioquia, escreveu para a Igreja de Roma:

> Escrevo a todas as igrejas e anuncio a todos que, de boa vontade, morro por Deus, caso vós não me impeçais de o fazer. Eu vos suplico que não tenhais benevolência inoportuna por mim. Deixai que eu seja pasto das feras, por meio das quais me é concedido alcançar a Deus. Sou trigo de Deus, e serei moído pelos dentes das feras, para que me apresente como trigo puro de Cristo. Ao contrário, acariciai as feras, para que se tornem minha sepultura, e não deixem nada do meu corpo, para que, depois de morto, eu não pese a ninguém. Então eu serei verdadeiramente discípulo de Jesus Cristo, quando o mundo não vir mais o meu corpo (*Inácio aos romanos*, 4,1-2).

Inácio deixou sua cidade numa peregrinação que o levaria até o centro do império para ser julgado como criminoso. Não há clareza sobre a acusação que pesava sobre o ancião para que fosse preso, mas é possível que isso tivesse alguma ligação com conflitos entre comunidades judaicas e cristãs da região. A agitação decorrente destes conflitos, e uma eventual acusação, teria provocado o arresto. Os governos locais não tinham muita paciência com as inquietações populares, especialmente na região da Síria, relativamente perto do berço das rebeliões judaicas antirromanas que estouraram na Palestina entre 66-73. Com relação ao destino de Inácio depois que chegou a Roma, pouca coisa se sabe. Eusébio conta que ele alcançou o martírio, como tanto queria (*História eclesiástica*, 4, 14,10).

Enquanto se dirigia para a capital, Inácio parou em alguns pontos da Ásia, e dali escreveu cartas para igrejas da região e líderes locais, inclusive para Policarpo e a Igreja de Esmirna. Nessas cartas, ele tratou essencialmente de conflitos de liderança, do papel exaltado que ele desejava que as igrejas dessem para seus bispos e da identidade do movimento, que começava a se definir com mais clareza como religião distinta do judaísmo. Uma de suas cartas, entretanto, não foi escrita para qualquer Igreja do Oriente, ou mesmo para tratar desses assuntos. Esta ele dirigiu para a Igreja de Roma. Com isso o bispo de Antioquia repetiu o gesto que Paulo já havia feito quase um século atrás, escrevendo para Roma antes mesmo de chegar lá, a fim de antecipar questões que julgava importantes. Inácio estava preocupado com a possibilidade de um ou outro membro da Igreja fazer gestão para defendê-lo e evitar sua morte. Ele explicitamente pede que ninguém faça nada que possa livrá-lo, pois deseja ser julgado e condenado à morte numa arena. Ao apresentar sua vontade, ele chega a se preocupar se as feras realmente vão cumprir seu ofício. Ele escreve que vai provocá-las para que elas o devorem logo, e se, por alguma razão, elas se recusarem, ele as forçaria (*Inácio aos Romanos*, 5,2).

Ele não citou o Apocalipse de João, mas fez alusão às suas ideias. Como no livro apocalíptico, morrer como testemunha de Jesus é participar de sua vitória sobre o mal. Ele compara seu corpo com o trigo. Sem a morte, não há colheita. Sua morte o tornará um verdadeiro discípulo de Jesus. Com Inácio já temos a perspectiva de que o martírio é a melhor expressão do cristianismo.

Feliz é quem morre

A correspondência de Plínio o Jovem, governador da província romana da Bitínia e Ponto, com o Imperador Trajano, em meados de 117, pode esclarecer um pouco a forma como se davam as mortes de pessoas como os bispos de Antioquia e Esmirna.

Plínio escreveu para o imperador à procura de amparo legal, ou mesmo orientação, a respeito de procedimentos judiciais. Não havia ainda clareza na forma de conduzir os processos contra aqueles que Plínio já chama de "cristãos". A situação é nova para o governador. Até há pouco tempo, o movimento de Jesus era entendido como parte do judaísmo, religião essa que os romanos conheciam bem desde que assumiram o controle da Palestina em 63 a.E.C.[8] Além disso, existiam comunidades e sinagogas judaicas em quase todas as cidades do império. O movimento de Jesus vivia sob a sombra do judaísmo, e os conflitos entre um e outro eram entendidos como distúrbios internos. Mas no tempo de Plínio o império já discerne com clareza as duas expressões de fé. A comunidade de Jesus, mesmo tendo saído do judaísmo, agora não é mais judaísmo. Plínio reconhece a presença de uma nova religião na sua província. Não se sabe ao certo como, mas já se torna recorrente a presença de cristãos em seu tribunal. Na sua correspondência, Plínio informa que aqueles que confirmavam a participação no cristianismo eram condenados à morte. Os demais eram soltos.

O governador, entretanto, não tinha convicção quanto ao acerto do procedimento. Foi com esta questão que sua carta foi dirigida ao Imperador Trajano, cuja resposta indica elementos significativos da política romana contra os cristãos nesse período. Trajano informa que o processo deveria ser

---

8. A região foi submetida ao Império Romano por meio das campanhas de Pompeu no Oriente.

seguido como Plínio já estava fazendo. Mas acrescentou que duas coisas deveriam ser evitadas. Primeiramente, não era preciso gastar tempo ou recurso do império para procurar cristãos. Eles seriam julgados apenas se fossem acusados. Em segundo lugar, a acusação não poderia ser anônima.

A correspondência de Trajano e Plínio ilustra o julgamento e condenação dos cristãos na região de João, Policarpo e Inácio, bem como nas diversas províncias do império, pelo menos até as grandes perseguições de Décio e Diocleciano na segunda metade do século III. Não havia esforços concretos do império na direção de acabar com o cristianismo, mesmo Plínio tendo escrito que "o mal ainda pode ser contido e vencido"[9]. Manifestavam-se de vez em quando surtos de perseguição, normalmente restritos a alguma província, que desapareciam pouco depois, fazendo com que não se justificasse, nos termos de Trajano, "regra dura e inflexível, de aplicação universal"[10].

As já mencionadas cartas de Inácio indicam que, apesar de o bispo ser um prisioneiro romano, e estar sendo levado a Roma para julgamento, ele conversava regularmente com os membros das igrejas por onde passava. Estes membros não estavam escondidos em cavernas ou grutas. Viviam suas vidas normalmente. Inácio descreveu vários colóquios entre ele e líderes locais. As visitas de cristãos a outros cristãos presos enquanto aguardavam a morte é uma importante evidência de que, mesmo que um bispo viesse a ser preso, outros poderiam visitá-lo e assistir à sua morte. O mesmo fenômeno apareceu no documento conhecido como *Martírio*

---

9. BETTENSON, H. Op. cit. • PLÍNIO. *Epp.* X, XCVI, p. 30.
10. Ibid. • Ibid., p. 31.

de Perpétua. Os membros da Igreja foram visitá-la na prisão, e até tentam convencê-la a desistir da postura intransigente diante da morte porque tinha um filho e deveria, por amor àquela criança, atender ao pedido dos acusadores (*Martírio de Perpétua*, 5.2). O que se pedia em casos como este? Que se fizesse um sacrifício aos deuses de Roma ou aos deuses locais. Eventualmente isso acontecia, como no caso do frígio Quinto, mencionado pelo autor do Martírio de Policarpo (*Martírio de Policarpo*, 4), que ficou com tanto medo das feras que amaldiçoou a Cristo e sacrificou aos deuses. É importante destacar, entretanto, que o pedido que os parentes e amigos fizeram a Perpétua tinha relação com o fato de que era mãe de uma criança pequena. Dos demais cristãos, entretanto, esperava-se que resistissem até a morte.

O termo "mártir", num movimento literário que vai do Apocalipse ao Martírio de Policarpo, tornou-se um termo técnico para descrever aquele que sofria e morria por causa da sua fé. As comunidades olharam para o exemplo dos Macabeus, e se inspiraram no exemplo de coragem diante da perseguição religiosa. Olharam também para Jesus, e o viram não apenas como o primogênito dos mortos, como Paulo o descreveu (1Cor 15,20), mas como o protótipo dos mártires. Ele foi o primeiro, para que seus discípulos o acompanhassem.

Martírio como propaganda

Além das tradições das mortes dos Macabeus e de Jesus, ainda é possível apontar outros significativos elementos para compor a figura do mártir no cristianismo antigo. A pesquisadora Judith Perkins, ao analisar documentos cristãos anteriores às grandes perseguições do terceiro século, argumenta que a morte, ao lado do sofrimento, aparece neles de forma bastante idealizada, de modo a constituir um elemento importante para a própria construção da identidade do movimento. Manifestou-se uma idealização do bom cristão como aquele que sofre e morre por Jesus, e, em contrapartida, ocorreu a subjetivação desta identidade de uma forma tão efetiva que ela se traduzia em práticas concretas de testemunho e morte[11].

O que teria facilitado tanto a idealização quanto a prática do martírio foram, segundo Candida Moss, ideias gregas e romanas sobre a morte, especialmente o que ela chama de "boa morte"[12]. Um exemplo poderia ser encontrado no Sócrates de Platão, que desdenha da morte e de quem tem medo dela (*Phaedo*, 118). Ele não quer que ninguém chore por ele. No momento de beber da taça com um veneno, ele o faz de forma imperturbável, serenamente. Seu desapego à vida em função de suas convicções se tornou modelo para pensadores gregos. Não havia necessariamente aspectos religiosos envolvidos na morte de Sócrates, mas sua tranquilidade diante do momento final construiu um modelo de vida e de morte.

Sócrates morreu, mas poderia ter evitado a morte se optasse pelo exílio. Casos famosos de suicídio na literatura também ilustrariam esta mesma forma de enxergar a morte. Lucrécia, a matrona romana da história de Tito Lívio (59 a.E.C.-17 E.C.), após sofrer um ato de violência sexual,

---

11. PERKINS, J. *The Suffering Self*: Pain and Narrative Representation in the Early Christian Era. Londres: Routledge, 1995, p. 16.

12. MOSS, C.R. *Ancient Christian Martyrdom*: diverse practices, theologies, and traditions. Londres: Yale University Press, 2012, p. 26.

preferiu se matar a viver com a memória da humilhação. Seu gesto foi narrado pelo historiador romano como um importante fator para o fim da monarquia etrusca e para a instauração da República Romana[13]. Lucrécia é heroína porque morreu, mas a morte também lhe era opcional. Caso desejasse, poderia continuar com sua vida.

Estes casos da literatura ilustram uma significativa presença do desejo de morte em alguns espaços romanos. Isso significa dizer que a transformação dos mortos cristãos em heróis realizou-se numa cultura que conhecia o fenômeno da exaltação daqueles que morriam corajosamente, quer no meio de uma luta, quer no contexto de engajamento político ou social.

Ao exaltarem os seus mortos, os cristãos criaram os mártires, os heróis da fé, num momento importante para a consolidação identitária do movimento. Escritores como Tertuliano (160-220) entendiam que o cristianismo crescia impulsionado pelo sangue de seus mártires. O teólogo africano cartaginense escreveu que, quanto mais cristãos morriam pelas mãos do império, mais pessoas se tornavam cristãs. Por isso, no final de sua *Apologia*, ele desafiou os magistrados: "torture-nos, atormente-nos, condene-nos, esmague-nos". Porque, segundo ele, *semen est sanguis christianorum* (o sangue dos cristãos é semente) (*Apologeticus*, 50, 12, 14).

As mortes cristãs, quando ritualizadas segundo o modelo do mártir, eram eficientes instrumentos de propaganda para o cristianismo numa sociedade que aprendera a respeitar quem sabia morrer.

---

13. GRIMAL, P. *História de Roma*. São Paulo: Unesp, 2010, p. 33.

O martírio espiritual

Até aqui percebemos que "martírio" é um termo que veio da língua grega e tinha como significado a prática do testemunho em uma situação judicial. Ele foi ampliado pelas comunidades cristãs do segundo e terceiro séculos da Era Comum. A ele estas comunidades associaram as tradições judaicas e greco-romanas do herói que morre por causa de conflitos, filtradas pela memória do Jesus que morreu para vencer o mal. Como resultado, para o cristianismo antigo, o mártir era o bom cristão que enfrentava a morte para defender sua fé. Justamente por isso, os mártires deveriam servir como modelo de conduta cristã.

Gregório o Grande (540-604), entretanto, ao concluir um de seus sermões, afirmou:

> embora a oportunidade de perseguição esteja faltando, o nosso tempo de paz tem o seu próprio martírio peculiar. Não podemos dobrar nosso corpo físico para a espada, mas podemos, com uma espada espiritual, matar em nossa alma os desejos carnais[14].

Robert Burton, de Yorkshire, nove séculos depois de Gregório, apontará diversas modalidades de martírio em suas anotações: castidade na juventude, alegria na velhice, liberalidade na pobreza, moderação na riqueza, paciência na tribulação, humildade no poder[15]. Praticamente qualquer situação de desconforto, especialmente físico, poderia ser vivida pelo fiel como um martírio.

---

14. RUSH, A.C. Spiritual martyrdom in St. Gregory the Great. *Theological Studies,* vol. 23, n. 4, 1962. Milwaukee. • GREGÓRIO O GRANDE. *Homiliae in evangelio*, 1, 3, p. 574.

15. PIROYANSKY, D. *Martyrs in the making*: political martyrdom in the late Medieval England. Hampshire: Palgrave MacMillan, 2008, p. 18.

Gregório e Robert, apesar de separados no tempo e espaço, parecem descrever um mesmo fenômeno. Eles falam de um tipo de martírio que não necessariamente implicava a morte do cristão. É um martírio sem morte, e, com frequência, voluntário.

Para aqueles que não podiam experimentar mais o martírio de morte, surgiu a possibilidade de buscar outro tipo, por meio da luta contra a consciência, a maldade no coração, os vícios, e, por meio deste conflito, participar na vitória divina sobre as forças do mal. Este tipo de experiência era entendido como "martírio espiritual, martírio branco, martírio de paz, martírio na intenção, martírio na consciência, martírio cotidiano"[16].

O celibato voluntário, em casas religiosas ou mesmo dentro do matrimônio, era recorrentemente experimentado como martírio, bem como experiências de solidão ou exílio. Tornou-se comum também apontar os monges como os novos heróis da Cristandade. Eles eram os irmãos dos mártires, ou mesmo os novos mártires.

Se o mártir, anteriormente, era uma construção das comunidades para definir seus heróis e construir modelos de vida cristã, agora ele era afirmação de identidade e subjetividade. O próprio cristão poderia fazer a leitura de sua vida como um martírio, e não precisava necessariamente de apoio institucional para isso. Até mesmo o testemunho, importante aspecto do martírio para o cristianismo antigo, tornou-se irrelevante. O cristão se entendia como mártir mesmo que ninguém mais o visse assim. Este tipo de perspectiva espiritual pertencia ao âmbito privado da religiosidade e pode-

---

16. RUSH, A.C. Op. cit., p. 574.

ria não ter alcance outro que não a própria interpretação da realidade.

Quais poderiam ser as razões para tal construção identitária? Uma mais imediata seria repetir o caminho dos heróis que enfrentaram o martírio de sangue. Em memória deles, repetia-se espiritualmente o sofrimento, e com isso se esperava alcançar um prêmio semelhante ao deles numa vida além-túmulo. Esperava-se, também, alcançar perdão de pecados ou purificação de falhas cometidas.

Outra razão poderia ser encontrada na religiosidade mística. Jesus sofreu uma morte muito dolorosa, que a Igreja não cessava de narrar. A paixão na cruz era construída e reconstruída através de imagens, orações, sermões, dramas religiosos e liturgia. Alguns místicos procuravam, por meio de suas práticas religiosas, reproduzir o próprio sofrimento de Jesus. O que eles desejavam era sofrer com Jesus, num caminho de intimidade com Deus, em busca de unidade espiritual.

Além dos místicos, muitas outras pessoas poderiam buscar a participação no sofrimento de Jesus. A multidão de imagens e escritos relacionados com a Paixão de Jesus provocava a imaginação dos fiéis e encorajava tal experiência. A cena da crucificação encontrada no *Sherbone Missal* (c. 1399-1407) poderia ilustrar este aspecto[17]. A imagem ocupa toda a página 23 do manuscrito e tem como função preparar a imaginação do fiel para a parte mais solene do documento, em torno da Paixão de Jesus. O quadro tem uma profusão de imagens que poderiam impactar o cristão, dentre as quais se

---

17. A imagem pode ser conferida em http://www.bl.uk/onlinegallery/ttp/sherborne/accessible/images/page23full.jpg [Acesso em 14/11/2014]. A análise vem de PIROY-ANSKY, D. Op. cit., p. 9.

destacam: o sangue de Cristo que escorre em grande quantidade de seus pés e mãos, a lança enterrada no seu peito segurada firmemente por um cavaleiro, o Discípulo João, Maria Madalena, os dois ladrões (que são pintados amarrados na cruz em vez de pregados nela, para diferenciar seu sofrimento do suplício de Jesus), muitos soldados, uma multidão de curiosos e alguns anjos. O grande destaque fica por conta da representação de Maria, pintada em primeiro plano, desmaiada e escorada por duas mulheres. As roupas ricas nos detalhes bem como o cenário repleto convidam o fiel a participar da cena, tomando parte no sofrimento de Jesus, de sua mãe e de seus discípulos.

Segundo Piroyansky, esperava-se que este tipo de participação no sofrimento de Jesus estimulasse o amor cristão e a piedade cristã. Além disso, ainda poderia provocar culpa e vergonha, já que os fiéis ouviam repetidamente que Jesus sofreu por causa dos pecados humanos[18]. Por fim, ainda ampliaria os vínculos do fiel com a Igreja por meio da instituição da confissão e penitência.

A maioria das pessoas, entretanto, preferia acompanhar mesmo as histórias dos mártires na literatura hagiográfica. O *Speculum Sacerdotale*, uma coleção anônima de sermões datada para o fim do século XV, oferecia duas razões para celebrar os mártires: ao ouvirem as histórias os fiéis estariam inspirados a seguir seus passos e por meio das orações pela intercessão dos santos mártires poderiam receber ajuda na Terra[19].

Não era preciso morrer como os mártires de sangue. Bastava olhar para seu sacrifício e era possível encontrar

---

18. Ibid.
19. Ibid., p. 11.

estímulo para as dificuldades da vida. Além disso, como o *Speculum Sacerdotale* apontou, em volta dos cristãos martirizados com frequência surgia um culto que honrava sua memória e promovia práticas de devoção. Os mártires, então santificados, tornavam-se alvos das súplicas e orações dos fiéis. Cada cristão, ou comunidade, poderia ter seus santos mártires preferidos, a quem buscavam durante dificuldades cotidianas, como o nascimento de crianças, enfermidades, falta de chuva na plantação ou medo de viagem. Piroyansky indicou que os mártires eram invocados para atender angústias similares às enfrentadas por eles no tempo de seu sofrimento. Ela cita como exemplo Santa Apolônia, uma virgem martirizada no século III, em Alexandria, no Egito, durante a perseguição do imperador romano Décio. Ela teve todos os dentes violentamente extraídos por seus torturadores. Em função disso, a Santa Virgem Apolônia era buscada em oração por pessoas que tinham dores de dente[20].

Não muito diferente de qualquer outra época, as situações de desconforto das pessoas da Idade Média eram bem numerosas. Algumas eram resultado das próprias escolhas, mas outras vinham de circunstâncias adversas. Tanto as escolhidas quanto as não desejadas, entretanto, poderiam ser experimentadas por meio da linguagem do martírio. De uma maneira geral, o martírio espiritual era um conceito aberto e fluido, ajustável para interpretar situações bem diferentes de sofrimento. Ele era um componente no acervo cultural que o cristão poderia usar para construir a sua identidade, e, como tal, não era monopólio da instituição eclesiástica.

---

20. Ibid.

Martírio e heresia

Tomás Becket (1118-1170) foi feito arcebispo de Cantuária em 1162[21]. Inicialmente foi chanceler do rei inglês Henrique II (1133-1189), mas acabou se tornando opositor da política monárquica, especialmente da tentativa do rei de assumir o controle das propriedades das igrejas inglesas. Esta sua polêmica com a monarquia acabou resultando em sua morte pela mão de quatro cavaleiros, no dia 29 de dezembro de 1170, durante um ofício litúrgico dentro de sua própria catedral. Após seu assassinato, descobriu-se que Thomas usava uma roupa de tecido grosso e desconfortável debaixo dos trajes oficiais. Não demorou e os cristãos do Reino da Inglaterra e de toda a Europa já veneravam o arcebispo martirizado nos moldes dos mártires antigos. Como elemento na luta da Igreja Romana contra a monarquia inglesa, três anos depois, em 1173, Thomas foi canonizado pelo Papa Alexandre III (1100-1181).

Um ano depois da canonização, o próprio Rei Henrique II fez uma peregrinação pública ao túmulo de Tomás Becket, que já se tornara um popular local de peregrinação e devoção. Como explicar o rápido crescimento do culto em torno do bispo assassinado? Possivelmente porque sua morte foi testemunhada por muitos cristãos dentro de sua própria Igreja, o que chocou seus contemporâneos. Isso ajudou a espalhar sua memória. Milagres rapidamente começaram a ser relatados, e um culto popular se desenvolveu, precedendo a própria canonização. Seu culto atraía peregrinos que iam ou vinham do continente.

---

21. Sobre Tomás Becket, cf. PIROYANSKY, D. Op. cit., p. 12-14.

A morte do bispo resultou de querelas políticas, mas isso não impediu que Thomas fosse transformado num mártir que morreu por sua fé e, mais especificamente, pelos interesses da Igreja de Roma.

O culto em sua memória prosperou até ultrapassar muitos outros no mesmo período, e só entrou em declínio quando precisou enfrentar outro Henrique alguns séculos depois. Henrique VIII, em 1536, impulsionado pelo seu conflito contra a Igreja Romana, atacou o antigo mártir de várias formas: o Santuário de Cantuária foi pilhado e os ossos de Tomás Becket foram roubados. Thomas foi denunciado, mais de 360 anos depois de sua morte, como rebelde contra o rei. Sua imagem foi arranhada e seu nome sumiu dos livros litúrgicos. Como mártir, Thomas representava os ideais da Igreja de Roma e não interessava à monarquia inglesa ter um herói deste tipo no imaginário dos cristãos da Inglaterra.

A forma como Tomás Becket deixou de ser santo para ser dissidente num determinado contexto histórico ilustra a relação entre martírio e heresia, elemento importante para compreender as afirmações de martírio na Idade Média Central. A definição de martírio ou heresia dependerá do ponto de vista de quem narra a história, como evidenciado pelo caso dos lolardos, movimento religioso inglês do século XIV. A Igreja Inglesa perseguia os seguidores de John Wiclife como hereges, mas os membros do grupo definiam seus mortos como mártires em prol da verdadeira fé cristã.

A identificação dos divergentes como hereges pretendia impedir que outros cristãos se envolvessem com a dissidência. Do outro lado, quando grupos menores identificavam antigos companheiros como mártires eles buscavam consolo e força para suportar as pressões do grupo religioso majoritário, além de prover um forte sentido de identidade comunitária.

Cultos populares em memória de novos mártires manifestavam-se localmente pela Europa, apesar de alguns destes mortos serem considerados hereges pela Igreja de Roma. Em função desta situação, o papado assumiu o controle sobre os processos de canonização para tentar controlar o entusiasmo popular e regular os novos cultos. Diante da resistência da Igreja Romana, competia aos centros locais de culto, ou mesmo às ordens religiosas, preservar a memória de seus mortos, transformados em mártires e santos nas hagiografias, crônicas, orações e celebrações litúrgicas.

Considerações finais

Com os elementos já apontados, podemos retomar a história dos franciscanos mortos em Marrocos, que começou este texto, e tentar responder às perguntas que levantamos. A peregrinação dos missionários começou na Itália, quando, em 1219, Francisco de Assis (1182-1226), fundador da Ordem Franciscana, enviou cinco frades para o norte da África. Eram todos naturais da Península Itálica. O líder do grupo era o sacerdote Frei Vital, que tinha como auxiliar o presbítero Frei Berardo de Carbio. Apenas Vital e Berardo conheciam a língua árabe e poderiam se comunicar com os muçulmanos. O grupo ainda contava com a participação de outro sacerdote, Frei Otto; de um diácono, Frei Pedro de Geminiano; e dois irmãos professos, Frei Aguto e Frei Acursio.

Antes mesmo de chegar à Península Ibérica, Frei Vital faleceu e Berardo assumiu a liderança da missão. Quando passaram por Coimbra, foram bem recebidos e tratados pela monarquia portuguesa, na pessoa de Dona Urraca de Castela (1186-1220), esposa de Dom Afonso II (1185-1223). Dali foram encaminhados para terras muçulmanas. A mensagem dos frades era carregada de um agressivo proselitismo. Em suas pregações declaravam que Maomé estava no inferno com os demônios e que todas as suas revelações eram falsas. Isso fez com que rapidamente fossem presos e encaminhados para Marraquexe, centro de Marrocos. As crônicas analisadas pelo professor português Milton Pacheco[22] sinalizam que, antes de serem mortos, os cinco missionários receberam várias oportunidades para voltar para a Europa ou mesmo para continuarem em Marrocos, desde que cessassem com a pregação. Segundo ele, um elemento comum nas crônicas é a atitude dos governantes locais fazendo de tudo para não matá-los, e dos missionários, fazendo de tudo para morrer. Até que, finalmente, num sábado, 16 de janeiro de 1220, os frades foram postos de joelhos e tiveram suas cabeças cortadas.

A morte dos cinco teve um efeito profundo entre os franciscanos. Francisco, ao saber da morte dos frades, teria dito: "Agora eu sei verdadeiramente que tenho cinco irmãos"[23]. Apesar de todo o impacto que o grupo deixou na Ordem, entretanto, seu martírio excedeu o espaço privado da religiosidade franciscana e se tornou importante para as igrejas de Portugal, parcialmente porque as relíquias dos missionários (seus restos mortais, pedaços de vestuário, e instrumentos que teriam sido usados no suplício) retornaram para Coimbra e não para Assis, mas também porque Berardo e seus

---

22. PACHECO, M.P.D. Op. cit., p. 85-108.

23. RYAN, J.D. Missionary saints of the High Middle Ages: Popular Veneration and Canonization. *Catholic Historical Review*, vol. XC, n. 1, 2004, p. 9. Nova York.

amigos receberam forte apoio da monarquia portuguesa (na vida e na morte). Aparentemente, foram membros da nobreza de Portugal que se esforçaram para trazer os ossos dos franciscanos para terras lusitanas. Debaixo de amplo apoio político, logo surgiu um vigoroso culto popular em Coimbra, não só em casas franciscanas, mas também em outras ordens religiosas que receberam partes das relíquias. Isso significa que o culto em torno dos mártires de Marrocos era português, e não somente franciscano. Ele promovia a imagem dos portugueses como dedicados guerreiros de Cristo.

No tempo de Berardo, nem todo cristão que morresse pela fé em Jesus receberia o reconhecimento formal da Igreja de Roma, mesmo que viesse a ser honrado por comunidades locais. Eram necessários novos elementos para definir formalmente seu sacrifício como martírio, e este escrutínio levava em conta não apenas o testemunho do cristão diante da morte, mas também aspectos políticos e sociais.

Os franciscanos já eram mártires para os cristãos portugueses, tinham um culto em torno de sua memória, eram buscados em oração pelos fiéis, tinham um lugar no calendário litúrgico das igrejas. Cristãos de várias partes passaram a relatar histórias de milagres relacionadas com os Mártires de Marrocos. Tanto a Ordem Franciscana quanto a coroa portuguesa davam amplo apoio ao culto. Mas nada disso foi suficiente para facilitar o processo de canonização de Berardo e seus companheiros. O papado resistiu à pressão até o século XV, quando a causa recebeu a simpatia do Papa Sisto IV (1471-1484), que concluiu o processo com a bula *Cum alias animo* em 7 de agosto de 1481. Foram 261 anos de separação entre a morte dos franciscanos e sua canonização, tempo consideravelmente maior do que os três anos que separaram a morte de Tomás Becket de sua canonização por Alexandre III em 1173. Mais do que a vida prévia do cristão, as circunstâncias da morte, o tipo de testemunho prestado, o que conta mesmo é um conjunto de interesses da Igreja.

James D. Ryan analisou a construção da memória de martírio de missionários do século XIII em campanhas na África e na Ásia. Segundo ele, poucos chegaram a alcançar o *status* dos mártires de Marrocos de serem canonizados pela Igreja de Roma. O destino do sacrifício de Berardo e seus amigos só não foi o mesmo em função de circunstâncias bem específicas. Primeiramente, porque as relíquias voltaram para a Europa. Sem os restos mortais para serem venerados, possivelmente não surgiria o culto popular. Nos termos de Ryan, "cultos populares desenvolveram-se somente onde relíquias retornaram dos campos onde os missionários foram mortos"[24]. Um segundo aspecto pode ser encontrado na religiosidade dos fiéis. A simples presença da relíquia não geraria o culto. Era preciso que notícias populares de milagres começassem a correr na comunidade. Com elas, rapidamente surgiram as peregrinações religiosas aos túmulos ou igrejas que guardavam seus ossos.

Sendo assim, a história de Berardo e os missionários franciscanos parece indicar a importância que a definição de quem é o herói da comunidade tem para a construção da própria comunidade. Definir um herói é, no final, um exercício de poder, poder esse que define limites identitários, esclarece alteridade, reforça práticas e crenças religiosas, gera

---

24. Ibid., p. 14.

papéis sociais, legitima governos, socializa visões de mundo. Em outras palavras, constrói a comunidade e o mundo ao seu redor. Estudar o martírio, assim, pode ajudar a perceber as dinâmicas e os conflitos pelo poder no seio da sociedade cristã medieval.

2

Monges e literatura hagiográfica no início da Idade Média*

Leila Rodrigues da Silva

A literatura hagiográfica surge na época imperial romana e está inicialmente associada às *Actas de martírio* e *paixões*, motivadas pelas perseguições aos cristãos. Aos poucos, tal literatura passou a compreender um conjunto de registros bastante heterogêneo, sendo as *Vidas de santos* os textos que alcançaram maior difusão ao longo da Idade Média. Em linhas gerais, neste tipo de documento predomina uma narrativa edificante e moralizante, com ênfase na conduta exemplar dos santos. Tais relatos reproduzem um considerável conjunto de *topoi*, mas igualmente veiculam pormenores da conjuntura, já que os santos retratados são identificados com as sociedades em que atuam. Assim, lugares-comuns e aspectos contemporâneos e próximos aos santos compõem o cenário geral em que ocorrem as aventuras desses heróis do cristianismo.

---

* Algumas das reflexões aqui presentes, com destaque para as referentes às hagiografias de Frutuoso de Amando, foram publicadas, com pequenas adaptações, sob o título Monacato e literatura hagiográfica: *Vita Sancti Fructuosi* e *Vita Sancti Amandi* em perspectiva comparada. In: TEIXEIRA, I.S. (org.). *História e historiografia sobre a hagiografia medieval.* São Leopoldo: Oikos, 2014, p. 164-177.

A origem do termo monacato procede do grego (*monachós*) e se relaciona à solidão. O fenômeno monacal não é uma exclusividade do cristianismo, estando associado a várias religiões como o hinduísmo, budismo e o islamismo, dentre outras. No âmbito do cristianismo, dada a diversidade de possibilidades que a experiência monástica abarcava, os monges poderiam ser classificados em várias modalidades, de acordo com a sua relação com a espiritualidade e com o mundo.

Para Orígenes e Evágrio Pôntico, autores que viveram nos séculos III e IV e inspiraram fortemente a literatura monástica, a vida espiritual era constituída de duas partes: a primeira, de ascese ou luta contra as paixões e os demônios que as provocariam, e a segunda, estágio elevado de contemplação. Em consonância com tal perspectiva, dois grandes blocos de monges podem ser identificados: cenobitas e anacoretas.

A preocupação com a identificação do perfil mais adequado de monge está presente em vários escritos produzidos na passagem da Antiguidade para a Idade Média, a partir de referências às práticas mais comuns a cada tipo. Assim, a Regra de São Bento, por exemplo, em seu primeiro capítulo, dedica-se a expor os quatro gêneros sob os quais, segundo a perspectiva do seu autor, os monges poderiam ser reunidos: cenobitas, os que se subordinam a uma regra; anacoretas ou eremitas, os que se submetem à provação, isolados no deserto, e lutam contra o demônio sem a vivência do mosteiro; sarabaítas, os que se mantêm interessados no século, apesar da sua tonsura, e, por fim, os giróvagos, desqualificado como grupo, por vagar pelo mundo e não conter seus desejos carnais[1].

O estudo da história do monacato, assim como da literatura hagiográfica, evidencia a dinâmica específica de cada uma dessas temáticas. Contudo, a possibilidade de observarmos o diálogo que se pode estabelecer entre ambas deve ser reconhecida como favorável a melhor compreensão do processo de cristianização que marcou o início da Idade Média. Muitos foram os homens aos quais a santidade foi atribuída. Nem todos foram hagiografados, por um lado, e muito menos, por outro lado, foram monges ou se vincularam à atividade monástica. O encontro dessas duas condições, entretanto, pode ser verificado em casos bastante conhecidos como o de Santo Antão. Sua hagiografia, escrita por Atanásio[2], em 360, circulou e inspirou muitos dos autores que se dedicaram a esta literatura. A popularidade que assumiu manteve em pauta alguns dos temas presentes nas *Vidas de santos* concebidas nos séculos posteriores, como o desejo de solidão e a luta contra o demônio[3].

---

1. Cf. *Règle de Saint Benôit*. Paris: Du Cerf, 1972 [Introd., trad. e notas de Adalbert de Vogüé; org. e apres. de Jean Neufville]. Pouco depois, na Península Hispânica, apenas para citar uma referência importante próxima às hagiografias analisadas, Isidoro de Sevilha propôs outra tipologia. Cf. ISIDORO DE SEVILLA. *Etimologias*. 2 vol. Madri: BAC, 1982, vol. 1, p. 682-683 [Ed. bilíngue preparada por Jose Oroz Reta e Manuel-A. Marcos Casquero; intr. de Manuel C. Díaz y Díaz].

2. ATANÁSIO. *Contra os pagãos; a encarnação do Verbo; apologia ao Imperador Constâncio; apologia de sua fuga; vida e conduta de Santo Antão*. São Paulo: Paulus, 2002, p. 285-367.

3. É possível que Atanásio estivesse mais preocupado em seus escritos com as questões concernentes à gnose e ao autoconhecimento do que com a ascese e a luta contra demônios. Estes dois aspectos, entretanto, são os mais marcantes da sua contribuição à literatura monástica. Cf. STERK, A. *Renouncing the World Yet Leading the Church*: The Monk-Bishop in Late Antiquity. Cambridge: Harvard University Press, 2004, p. 15-16.

Neste capítulo, visando à reflexão sobre a experiência monástica e a literatura hagiográfica, dividimos o texto em dois blocos temáticos centrais. Por um lado, buscamos mapear as linhas gerais da trajetória do monacato, das suas primeiras manifestações associadas ao cristianismo até sua configuração nos reinos romano-germânicos, especificamente, na Península Itálica, na Península Hispânica e nas Gálias. Por outro, com base no reconhecimento da bem-sucedida relação entre monacato e hagiografia, analisamos três das hagiografias dedicadas às figuras do universo monástico das regiões antes privilegiadas, respectivamente, São Bento, São Frutuoso e Santo Amando.

Monacato: das origens orientais aos reinos romano--germânicos

Os registros das primeiras referências à atividade monástica estão associados ao Oriente, em particular ao Egito. Não é possível identificar o momento preciso em que teve início. Reconhece-se, contudo, a importância assumida por Antão nesse processo. Nascido em 251, teria abandonado tudo, aos 18 anos, e se refugiado no deserto, onde viveria até pouco mais de cem anos, praticando, em solidão, a ascese e a contemplação, que caracterizam a modalidade anacorética de monacato.

As informações acerca da vida de Antão foram registradas e divulgadas, como já sublinhado, por Atanásio, bispo de Alexandria, na *Vida de Santo Antão* (*Vita Antonii*). Ainda que esse material seja de extrema relevância para a compreensão da experiência de monges ascetas, não se pode perder de vista que se trata de uma hagiografia e não de uma biografia. Os feitos relatados atendem, portanto, à lógica de enaltecimento do hagiografado, com as inferências próprias deste tipo de literatura. Concomitantemente, deve-se, ainda, levar em conta a conjuntura em que a trajetória de Santo Antão se inscreve.

A ruptura com o mundo e o isolamento a que o ícone do monacato oriental se submeteu era uma prática pouco divulgada antes de sua decisão, mas já existente. Nessa perspectiva, sabe-se, por exemplo, por Atanásio, que Santo Antão teria ido viver como os anacoretas anciãos, que eram conhecidos na região há muito tempo.

Se privilegiarmos as mudanças ocorridas no âmbito do cristianismo como motivação para a vida em solidão, devemos reconhecer a associação crescente da instituição clerical com as estruturas de poder imperiais como um marco. Tal identificação teria promovido situações e reações diversas. Dela decorreu, por exemplo, a ampliação do número e uma maior abrangência do perfil de fiéis. Assim, ao contestar a proximidade entre as estruturas eclesiásticas e imperiais, por associá-la ao comprometimento dos valores e princípios da instituição clerical, alguns romperam de forma contundente com a vertente cristã oficial. Outros, ainda que não assumissem uma postura contestatória, procuraram substituir o martírio, abolido com o fim das perseguições, pela extrema ascese individual, relacionada às mortificações, ao desprezo pelos prazeres carnais e ao isolamento.

Há que sublinhar, entretanto, que, além de ascetas, o deserto atraía grupos diversos que teriam optado por abandonar a vida urbana e seus esquemas de valores, inclusive os que ali buscariam refúgio, como bandidos e criminosos. As obrigações do período imperial romano, como o serviço militar e a elevada carga fiscal, devem ser também consideradas como motivações para a ida ao deserto, provocando assim o fluxo de um grupo diversificado para este ambiente.

A complexidade do fenômeno requer, portanto, o reconhecimento de que o anacoretismo pode ser identificado como uma atitude de protesto em relação ao plano religioso e às condições políticas, assim como, ainda que não de modo excludente, a uma decisão de cunho moral e pessoal.

A radicalidade da opção, somada ao crescente número de pessoas que teria buscado o ermo, não raras vezes geraria excessos e condições perigosas para figuras que, como Antão, tomaram esta direção. Acredita-se que em poucos anos milhares de indivíduos teriam se dirigido ao deserto, o que suscitou aglomerações localizadas, ainda que por curtos períodos, concomitantemente à circulação intensa de pessoas solitárias. Tal quadro anunciava que algum nível de organização precisaria ser implantado.

Neste contexto, explica-se a iniciativa de outra figura emblemática do monacato, Pacômio (292-348). Contemporâneo de Antão, após uma vivência anacorética, investiu nas vantagens do convívio e promoveu a experiência cenobítica. Desse modo, em 320, estabeleceu sua primeira construção, à qual se seguiram oito novos núcleos. Embora outras tentativas de espiritualidade coletiva tenham sido registradas, a proposta pacomiana supunha a compatibilidade entre uma vida de ascese moderada e a organização comunitária, que pôde ser orientada pela Primeira e Segunda Regras (*Regula Sancti Pachomii*), textos atribuídos a Pacômio[4].

---

4. PACOMIO. *Reglas monásticas.* Burgos: Abadía De Silos, 2004 [Intr., trad. e notas de P. Ramón Alvarez Velasco].

As unidades criadas poderiam ser descritas como aldeias cercadas de muros que compreendiam, além da Igreja, casas independentes para grupos de monges e as instalações para os serviços comuns. Os habitantes se mantinham ocupados com orações, atividades agrícolas e afazeres domésticos, como cuidados com os enfermos e preparo dos alimentos, visando ao atendimento das necessidades de toda a comunidade.

Aos poucos cada uma das unidades pacomianas se transformou em um núcleo social, econômico e cultural. A observação da pobreza e da castidade foi mantida, mas a dureza dos exercícios ascéticos praticados pelos anacoretas foi amenizada e a obediência a um superior introduzida, inaugurando uma nova fase na história do monacato. Estima-se que a iniciativa de Pacômio, no trabalho realizado por seus sucessores diretos, chegou a alcançar quatro mil monges, entre homens e mulheres, apenas em comunidades organizadas no próprio Egito.

A experiência pacomiana foi desenvolvida por Basílio, que implementou uma reforma fundamentada na valorização das virtudes monásticas e na hierarquia. Nesse sentido, por volta de 365, redigiu um extenso conjunto regulador, posteriormente identificado como suas regras[5]. Nelas, o superior recebeu amplas prerrogativas e a obediência passou à categoria da mais importante das virtudes, dentre as que deveriam compor o paradigma de um monge. A este se recomendava ainda a leitura e a meditação, com base nas Escrituras, e o trabalho manual. Aos poucos, caminhava-se para a

---

5. BASÍLIO MAGNO. *As regras monásticas.* Petrópolis: Vozes, 1983 [Trad. de Hildegardis Pasch e Helena Nagem Assad].

caracterização do mosteiro como um bloco orgânico, cujos habitantes dedicavam-se à salvação, não apenas do próprio grupo, mas de todos os cristãos, por meio da oração.

Basílio conheceu anacoretas e mosteiros do Egito, Palestina, Síria e Mesopotâmia antes de fundar seu próprio cenóbio na Capadócia e propor seu conjunto regulador. Membro de rica família cristã, possuía integrantes da elite episcopal entre seus parentes e amigos próximos, tendo ele próprio ocupado o cargo de bispo de Cesareia. Além de sua preocupação com as questões morais e de natureza prática, Basílio, diferentemente de Antão e Pacômio, trabalhou intensamente para a aproximação do monacato ao cristianismo oficial.

Ainda que as muitas experiências monásticas orientais tenham influenciado o monacato ocidental, as referências anacoréticas e cenobíticas associadas a Antão, Pacômio e Basílio, elas próprias sínteses da religiosidade ascética que marcou os séculos III e IV, são as principais matrizes ocidentais. A *Regula Sancti Pachomii* e o conjunto regulador proposto por Basílio são, inclusive, assinalados como dois dos materiais que mais influenciaram as regras produzidas no Ocidente.

Não obstante as especificidades locais, como veremos adiante, no que concerne aos princípios orientadores, pode-se afirmar que não há, no Ocidente, descontinuidade em relação ao processo que caracterizou o monacato oriental. Contribuiu para esta condição a reflexão sobre a administração da vida monástica e as questões de ordem moral e doutrinária, em prol da busca da perfeição, realizada por Cassiano de Marselha (360-435), com base no que recolheu em sua estada no Oriente. Sua formação clássica, sua trajetória eclesiástica e sua influente rede de amizades, da qual faziam parte João

Crisóstomo, Leão Magno e abades renomados, favoreceram a propagação e a adoção de suas concepções, presentes em dois dos seus escritos, *Instituições* (*De institutis coenobiorum*) e *Conferências* (*Collationes Sanctorum Patrum*)[6], como referências para todo o monacato ocidental, a partir do século V.

É certo que a prática ascética é anterior à institucionalização do monacato também no Ocidente. Dela temos registro escrito desde o Concílio de Elvira, realizado entre 300 e 306. Aqui, define-se que as virgens consagradas a Deus que rompessem o voto de virgindade e não se arrependessem não deveriam receber a Comunhão até o fim da vida[7]. Embora não possamos estabelecer uma relação inequívoca entre ascetismo e cenobitismo, é possível considerar que a normalização daquela prática por parte da instituição eclesiástica indica não apenas o seu reconhecimento, mas também certa simpatia e o prenúncio de que, diferentemente do Oriente, a introdução do monacato no Ocidente ocorreria em relativa sintonia com o cristianismo oficial. As tensões, ainda que eventualmente existentes, não são as de um movimento nascente, concebido em contestação ao estabelecido, mas de um movimento já caracterizado por certa identidade[8].

---

6. CASSIEN, J. *Conférences. I-VII.* Paris: Du Cerf, 1955 [Sources Chrétiennes, 42] [Intr., trad. e notas de E. Pichery]. • CASSIEN, J. *Institutions cénobitiques.* Paris: Du Cerf, 1965 [Sources Chrétiennes, 109] [Intr., trad. e notas de Jean-Claude Guy].

7. Cf. *Concilios visigóticos e hispano-romanos.* Madri: Csic/Instituto Enrique Florez, 1963 [Concílio de Elvira, c. 13, p. 4] [Ed. de Jose Vives].

8. Há uma rica bibliografia referente às origens e características do monacato que, considerando a natureza desta publicação, não caberia indicar. As linhas gerais do fenômeno monástico, entretanto, podem ser conhecidas em COLOMBÁS, G.M. *El monacato primitivo.* Madri: BAC, 2004.

Das primeiras iniciativas monásticas ocidentais, destacaram-se as levadas a cabo na Península Itálica, na Península Hispânica e nas Gálias.

Desde o século IV, os influxos do monacato oriental circulavam na Península Itálica. Jerônimo, Dâmaso e Ambrósio são algumas das ilustres figuras que fomentaram o ascetismo no âmbito urbano e são responsáveis pelo seu florescimento. As construções monásticas, fossem urbanas ou rurais, estiveram, portanto, presentes na região e se vinculavam aos bispos, que procuravam organizá-las em sintonia com a instituição eclesiástica. No século VI, ainda no contexto do reino ostrogodo, a relação entre trabalho e monacato, anunciada desde a proposta de Basílio, foi reforçada. Assim, no Vivarium, mosteiro fundado no sul da península, por Cassiodoro, aos monges era atribuída a tarefa de reprodução e preservação dos escritos antigos. Contemplação e busca do conhecimento, trabalho e estudo dos clássicos, eis alguns dos elementos que marcaram profundamente o monacato ocidental.

É também da Península Itálica e deste período um dos mais valiosos documentos relacionados ao monacato, a Regra Beneditina. Associada ao ímpeto monástico que se propagou na época, a despeito de uma fase de convivência com suas contemporâneas, acabou por suplantá-las, assumindo o lugar por excelência de a mais disseminada na Idade Média. Seu autor, Bento, designado posteriormente como o "fundador do monacato ocidental", teria se inspirado em um conjunto legislador anterior, conhecido como a Regra do Mestre, que nesta altura circularia pela península já familiarizada com as muitas experiências monásticas.

A primeira referência à Regra Beneditina que conhecemos se encontra na hagiografia dedicada por Gregório Magno (540-604) a Bento, o segundo livro dos *Diálogos (Dialogi)*, do qual trataremos mais adiante. Neste indica-se, no capítulo 36, que o santo teria redigido a regra[9]. A despeito da breve alusão, daí derivam todas as conclusões acerca da sua redação, ou seja, é nesse escrito que se estabelece a relação entre o hagiografado e a referida regra, já que não se conhece qualquer outro documento que nos forneça dados sobre a vida de Bento.

Composta por setenta e três capítulos, a Regra Beneditina valoriza a hierarquia, atribuindo ao abade a direção de toda a comunidade e exigindo disciplina dos monges. A redução dos excessivos jejuns e mortificações, com sua substituição pela oração e pelo trabalho manual, garante a implantação e a propagação de uma das máximas do monacato beneditino: *ora et labora*. Tal comprometimento assegura os meios de subsistência, em um contexto em que a produção havia sofrido inegável redução devido ao processo de desestruturação do Império Romano e à chegada dos "bárbaros". Preocupações com os hóspedes; com a observação de diferentes horários e rotinas de acordo com as estações do ano; com a liturgia, com a valorização do silêncio e da humildade são, também, importantes elementos presentes neste conjunto regulador.

Gregório Magno, responsável pela primeira referência à Regra de São Bento, é um dos mais importantes promotores dos ideais beneditinos fora da península, já que os monges

---

9. GREGÓRIO MAGNO. *Vida e milagres de São Bento* – Livro segundo dos diálogos de S. Gregório Magno. Rio de Janeiro: Lumen Christi, 1986, p. 94-95.

por ele enviados para a cristianização das Ilhas Britânicas teriam difundido o texto redigido em Monte Cassino. O grande sucesso desta regra não ocorreu imediatamente, visto que conviveu durante bastante tempo com outras indicações normativas às quais, por meio de soluções locais, foi mesclada. Assim, ao considerarmos sua grande disseminação, há que ressaltar, por um lado, o amplo apoio recebido do bispado de Roma e as iniciativas missionárias que nos séculos seguintes tornaram-na seu principal instrumento legislador. Por outro, é preciso lembrar seu caráter prático e maleável, que garantia uma ascese moderada, em detrimento dos antigos exercícios rigorosos praticados pelos Padres do Deserto, e a possibilidade de adaptação a diferentes realidades.

Na Península Hispânica, a existência de práticas ascéticas remonta a pelo menos o início do século IV, como pudemos anteriormente verificar nas atas do Concílio de Elvira. A tradição local se mantém, sendo a atitude austera atribuída aos seguidores do priscilianismo sua manifestação mais contundente. O priscilianismo em suas origens pode ser caracterizado como um movimento cujos integrantes, em grande parte, pertencentes à estrutura oficial da Igreja local, criticavam o comportamento pouco ascético do episcopado. Em contrapartida, Prisciliano, identificado como líder, e seus seguidores foram acusados de maniqueísmo e de heterodoxia pelo segmento eclesiástico hegemônico. Condenado como heresia no I Concílio de Toledo, realizado em 400[10], o priscilianismo, que poderia em princípio se

---

10. *Concílios...* Op. cit. [Concílio de Toledo, I, p. 25-28].

aproximar de uma experiência monástica, afastou-se das estruturas clericais[11].

Ainda que haja uma clara relação entre ascese, monacato e os episódios de confronto entre priscilianistas e demais clérigos, o que poderia indicar o conflito com o cristianismo oficial como uma das marcas do movimento monástico na região, esta perspectiva deve ser relativizada. Isto porque a atividade monástica mais característica da Península Hispânica está identificada com os séculos VI e VII, nos quais a proliferação de mosteiros é acompanhada pela produção de regras monásticas, escritas por bispos visigodos.

Com a conversão dos visigodos à ortodoxia nicena e o crescente favorecimento das elites episcopais, associado ao processo de fortalecimento da Igreja local, a preocupação com a normatização dos vários segmentos sociais se intensificou. Imbuídos de tal propósito, os bispos, dentre outras preocupações, além das intervenções que podem ser observadas nas atas dos concílios realizados à época, formularam regras que visavam à orientação da vida monástica peninsular.

Nesse processo, Leandro de Sevilha dedicou à sua irmã, abadessa, uma regra feminina, e Isidoro de Sevilha e Frutuoso de Braga escreveram regras que tiveram ampla difusão na região. Seja pela indicação de penas corporais, seja pela severidade no trato com a sexualidade ou com o regime alimentar, ambas, guardadas suas especificidades, expressam

---

11. Atualmente existe uma extensa bibliografia sobre priscilianismo. Um balanço geral dessa produção e as linhas gerais do movimento podem ser encontradas em OLIVARES GUILLEM, A. *Priscilianismo a través del tiempo* – Historia de los estudios sobre el priscilianismo. Fundación Pedro Barrié de la Maza/Instituto de Estudios Gallegos Padre Sarmiento, 2004.

clara influência do rigor que marcou as primeiras experiências orientais, mas também denotam o conhecimento que os legisladores tinham da Regra Beneditina. Aqui cabe ressaltar que o envolvimento com a atividade monástica, especialmente no caso de Frutuoso, está ainda associado à construção de vários mosteiros e à redação de uma hagiografia. Neste texto, como observaremos mais adiante, destaca-se seu ímpeto como fundador de cenóbios.

Na região das Gálias há registro de fundações monásticas desde meados do século IV. Dentre elas, uma das mais antigas é Ligugé (360-361), organizada por Martinho (316-397) alguns anos antes de se tornar bispo de Tours. A hagiografia a ele dedicada, por Sulpício Severo, finalizada em 397 ou 398, contribuiu significativamente à sua imagem de grande herói do monacato ocidental[12]. Tendo recebido ótima aceitação do público, alguns dos feitos descritos nessa obra se tornaram referência recorrente em outras hagiografias ao longo da Idade Média. Destaca-se em particular o episódio em que, não dispondo de dinheiro para atender a um mendigo com frio, Martinho teria cortado um pedaço do próprio manto para dar ao pedinte.

Será, entretanto, no momento posterior que, com o foco na formação intelectual e com viés urbano, a experiência mais intensa da região se desenvolverá em Lérins. Local de isolamento coletivo, no qual a ascese entendia-se, sobretudo, como perspectiva de aprofundamento do saber, ali foram formados alguns dos dirigentes eclesiásticos mais influentes

---

12. SULPICE SÉVÈRE. *Vie de Saint Martin*. Paris: Du Cerf, 1967 [Sources Chrétiennes, n. 133] [Intr., trad. e coment. de Jacques Fontaine].

do período. Os escritos de Cassiano, ele próprio fundador monástico, tiveram no local particular repercussão, sendo inclusive parte deles dedicada a abades de Lérins.

Dos egressos de Lérins, sublinha-se a contribuição de Cesário de Arles, que produz, dentre outros escritos, duas regras, uma para monges e outra para as virgens[13]. A despeito do sucesso de algumas iniciativas empreendidas no século V, será apenas a partir do VI que a vida monástica, devidamente normatizada em suas vertentes masculina e feminina, ganhará proporções significativas, com aproximadamente duzentas casas espalhadas pela região. Neste conjunto, há que ressaltar as fundações régias, núcleos importantes que em alguns casos contaram com o incentivo e a intervenção direta de rainhas, como Radegunda.

É possível considerar ainda, no caso das Gálias, uma nova onda monástica que ganhou fôlego com o impulso cristianizador que, dentre outras características, priorizou as áreas rurais do reino franco, bem como territórios próximos e longínquos sob seu raio de atuação. Assim, a partir de princípios do século VII, iniciativas missionárias buscaram a ampliação da influência cristã, ora se voltando para os muitos focos pagãos do território, ora servindo de apoio à expansão em direção à atual Bélgica, região cujas populações pouco ou nenhum contato tiveram com o cristianismo.

Nesse empreendimento, figuras como Columbano (543-615) e Amando (589-679) se sobressaíram. O primeiro se vinculava a uma tradição monástica rigorosa associada à

---

13. CESARIO DE ARLES. *Ouevres monastiques* I: Oeuvres pour les moniales. Paris: Du Cerf, 1988 [Sources Chrétiennes, n. 345] [Intr., trad. e notas de Adalbert de Vogüé e Joël Courreau].

dinâmica do cristianismo na Irlanda, de onde provinha. Tendo se dirigido para o continente, teria sido responsável pela criação de vários mosteiros, dentre os quais Saint Gall e Luxeil, nas imediações da atual Suíça, e Bobbio, na Lombardia. O segundo, nascido na Aquitânia, pode ser identificado com o modelo de bispo-predicador, dada sua inserção na estrutura eclesiástica e empenho na divulgação do cristianismo, por meio, sobretudo, da fundação de mosteiros. Sua hagiografia expõe de forma contundente tais aspectos da sua trajetória, como veremos adiante.

Considerando o foco antes estabelecido na Península Itálica, na Península Ibérica e nas Gálias, observemos a seguir as hagiografias dedicadas a santos provenientes das referidas regiões, respectivamente, São Bento, São Frutuoso e Santo Amando.

Monacato e literatura hagiográfica

Aqui, com o foco nas hagiografias dedicadas a São Bento, São Frutuoso e Santo Amando, procuramos compreender em que medida tais escritos estão comprometidos com o fenômeno monástico. Como a experiência monástica de cada um se expressa nos textos a eles dedicados? O que há de comum na trajetória dos três? Como, a despeito das especificidades, os hagiógrafos nos falam da atividade monástica com a qual se envolveram? Eis algumas das questões acerca das quais refletiremos.

A Vida de São Bento

As poucas informações sobre a trajetória de São Bento das quais dispomos, como já mencionado, são fornecidas por

Gregório Magno[14]. Dos quatro livros dedicados aos santos da Península Itálica, reunidos nos *Diálogos*, o autor reservou o segundo inteiro à vida de São Bento, que teria vivido entre 480 e 547, aproximadamente. O relato, que foi produzido em torno de 593, contém 38 capítulos e é repleto de menções aos milagres realizados pelo santo – dentre os quais se destacam as vitórias conseguidas sobre o demônio, a multiplicação de alimentos e curas – e referências à vida monástica.

A motivação para a narrativa é apresentada em um debate que Gregório manteria com seu amigo e secretário, Pedro. A este o escritor desejava revelar a trajetória de santos da região dignos de lembrança, pelas virtudes e realização de milagres. O recurso literário utilizado por Gregório é coroado com um *topos* comum em *Vidas de santos*: a referência ao contato direto com sua fonte de informação. Nesse sentido, Gregório atribui aos veneráveis anciãos o conhecimento e a divulgação do que passaria a contar.

De acordo com o autor, o santo nasceu em Núrsia, em uma família abastada, e possuía uma irmã chamada Escolástica, também dedicada à vida monástica. São Bento teria ainda muito jovem ido estudar em Roma, onde pôde obter formação escolar nos moldes da cultura clássica, como era comum aos membros das elites. Após algum tempo, teria deixado a cidade e, na companhia de uma serviçal, vivido em relativo isolamento, próximo a uma igreja. Após a realização do seu primeiro milagre, não conseguira mais viver tranqui-

---

14. Existe uma extensa bibliografia sobre São Bento. Aqui, entretanto, convém destacar que este conjunto reproduz invariavelmente o mesmo em relação aos dados sobre sua vida. Cf. VAUCHEZ, A. Cristianismo – *Dicionário do Tempo, dos Lugares e das Figuras*. São Paulo: Forense Universitária, 2013, p. 50-51.

lamente, o que resultou em sua fuga e vida totalmente solitária, por três anos, nas imediações do Mosteiro de Subiaco.

Nesta altura, ocorre a primeira de muitas manifestações do demônio. Mesmo vivendo em retiro, São Bento havia estabelecido relações com um monge local que o alimentava. O anúncio da chegada da comida se fazia por meio de uma corda até que o demônio, para atrapalhar o santo, a teria arrebentado. São Bento, além de continuar contando com o apoio do monge que lhe trazia alimentos, foi descoberto por pastores que passaram também a abastecê-lo. Assim, graças à intervenção do demônio, a fama do santo se propagou com a divulgação feita pelos pastores de suas ações.

Uma nova manifestação do demônio é reservada a esta fase da vida de São Bento. Aqui, mais uma vez, o adversário engrandece o herói e garante dessa forma a difusão das notícias sobre suas virtudes. Segundo Gregório, coube ao demônio promover a lembrança de uma mulher pela qual o santo, perdidamente apaixonado, quase cedeu à luxúria. Para afastar a recordação, Bento se jogou em uma moita de urtigas e, após ferir todo o corpo, conseguiu conter a volúpia. De acordo com o narrador, este episódio motivou a vinda de discípulos, inspirados pelo contorno virtuoso do santo, digno de exemplo.

Sua fama teria atraído seguidores e resultaria na sua indicação, a despeito da sua resistência, para a substituição do abade de Vicovaro que morrera. Ali, o rigor que São Bento procurara estabelecer teria provocado a insatisfação dos monges que, em reação, tentaram envená-lo. Gregório, que já adotara o recurso anteriormente, introduziu, após o relato deste caso, uma longa explicação para seu interlocutor, a partir da qual justifica a saída de São Bento e a busca de condições mais adequadas à realização de sua missão: a fundação de novos mosteiros e a preparação de monges verdadeiramente piedosos.

Desse modo, o santo, após a passagem por Vicovaro, teria organizado um conjunto de doze casas monásticas independentes. Cada uma delas possuía seu próprio superior, que deveria se manter subordinado a São Bento. Por meio da narrativa gregoriana, na administração do complexo monástico, o santo pôde enfatizar algumas prescrições para a vida em comunidade. Assim, nesta fase, expulsou o demônio que impedia a dedicação de um dos monges à oração e sublinhou a obediência e a humildade, virtudes que garantiram que outro monge fosse salvo de afogamento.

Mais uma vez, São Bento, vítima da inveja de um clérigo da região, decidiu indicar substitutos e sair à procura de uma nova localidade para atuar. Imediatamente após deixar o mosteiro, foi informado por um dos seus discípulos que o seu adversário, como descreveu Gregório, havia sido castigado por Deus e morrido. A proteção recebida pelo santo é evidenciada em várias oportunidades e marca, como em outras hagiografias, uma das características necessárias à santidade.

O lugar escolhido é descrito como cercado de bosques consagrados ao culto de demônios e local do antigo templo de veneração a Apolo. Ali, São Bento, após destruir ídolos e queimar bosques, organizou o Mosteiro de Monte Cassino, onde viveu até a morte. De acordo com Gregório, a ação do santo teria provocado a ira do demônio, que passou a sistematicamente persegui-lo. Uma sequência de alusões à ação demoníaca se inicia, marcando sua interferência ainda durante a construção do mosteiro. Nesta ocasião, por exemplo, o "inimigo" teria tentado atrapalhar, colocando-se sobre uma pedra a ser utilizada pelos trabalhadores, tornando-a demasiadamente pesada.

A santidade de São Bento se revela não apenas na sua vida virtuosa ou na realização de milagres, mas também na indicação de que o santo era capaz de prever o futuro e conhecer todos os acontecimentos, ainda que não ocorressem na sua presença. Desse modo, dentre outras passagens, Gregório se refere à repreensão recebida por um monge que, na visita ao povoado recém-afastado do culto dos ídolos por São Bento, teria recebido um presente. A curiosa alusão, por um lado, atesta a relação entre o santo e a conversão das populações camponesas, e, por outro, reforça a disciplina e a hierarquia.

Não obstante Monte Cassino ter sido a última construção organizada diretamente por São Bento, a sua participação em outras fundações é assegurada no relato de Gregório. Assim, o capítulo 22 do texto descreve o apoio e envolvimento do santo na edificação de um novo cenóbio. Para tal, não só teria enviado discípulos construtores, mas também teria contribuído indicando o local adequado às instalações.

Considerando o propósito antes estabelecido, caberia ainda, mais uma vez, mencionar a referência explícita à redação da regra. De acordo com Gregório, São Bento teria escrito o conjunto regulador, que os interessados poderiam consultar, caso desejassem conhecer um pouco mais sobre os costumes e a vida do santo.

A vida de São Frutuoso

Frutuoso nasceu e viveu no reino visigodo, entre os anos de 610 e 665. Sua trajetória histórica está atestada por meio de sua intensa participação na vida eclesiástica e política de sua época. Além da redação de duas regras, uma dedicada aos monges e outra voltada para os abades do noroeste da Península Hispânica[15], participou do X Concílio de Toledo, realizado em 656[16], e deixou registro de correspondência com o monarca do reino, Recesvinto, e com Bráulio, bispo de Saragoça[17]. Da sua atuação, há que apontar também o fato de ter assumido o bispado de Dume e, logo depois, o de Braga, em 656[18]. Ainda que outros detalhes sobre sua vida procedam do texto hagiográfico, é possível reconhecer a veracidade de algumas referências pelo cruzamento de informações com a documentação anteriormente referida.

A hagiografia dedicada a Frutuoso, redigida em fins do século VII, é de autoria desconhecida, mas seu núcleo central foi certamente escrito por um dos monges das muitas casas monásticas que fundou. É possível que tenha sido ampliada pouco após a sua redação, o que se concluiu a partir da análise da sua estrutura narrativa, que evidencia estilos distintos.

A *Vida de São Frutuoso (Vita Sancti Fructuosi)*[19] possui vinte capítulos e é, das três obras aqui observadas, a mais

---

15. *Reglas monásticas de la España Visigoda.* Madri: BAC, 1971, p. 137-162; 172-211 [Intr. e notas de Julio Campos Ruiz e Ismael Roca Melia].

16. *Concilios visigóticos e hispano-romanos.* Op. cit., p. 319.

17. BRAULIO. Epistolário. In: *Epistolario de San Braulio.* Sevilha: [s.n], 1975, p. 163-167 [Intr., ed. crítica e trad. de L. Riesco Terrero].

18. DÍAZ Y DÍAZ, M.C. Notas para una cronologia de Frutuoso de Braga. *Bracara Augusta*, vol. 21, 1968, p. 215-223, esp. p. 222. Braga.

19. *Vita fructuosi.* Braga, 1974 [Est. e ed. crítica de Manuel C. Díaz y Díaz].

curta. O relato, entretanto, revela, como nenhuma das outras duas, a imagem de um santo totalmente dedicado à atividade monástica. A diversidade de temas que pode ser verificada na hagiografia de São Bento, por exemplo, não é um dado presente no texto do santo visigodo. Assim, apenas sete dos seus capítulos não se voltam explicitamente a demonstrar o empenho de Frutuoso na construção de mosteiros.

A valorização da atividade monástica oriental é tema da introdução da *Vita Sancti Fructuosi*. O autor, após sublinhar o importante papel que o Egito e o Oriente tiveram para a espiritualidade cristã, associa os feitos lá realizados aos seus correspondentes ocidentais: Isidoro de Sevilha e Frutuoso de Braga. O primeiro é lembrado pela erudição e o segundo, dada a vocação monástica e o ascetismo, nas palavras do hagiógrafo, possui os mesmos méritos dos antigos padres da Tebaida. A associação entre São Frutuoso e os Santos Padres do Deserto é assinalada em várias oportunidades, já que ao santo é atribuído o desejo permanente de seguir as orientações ascéticas dos primeiros monges. Tal identificação, dentre outras oportunidades, é ressaltada com o desejo de ida, em peregrinação, ao Oriente, conforme relatado nos trechos finais da hagiografia.

Em relação aos seus dados pessoais, de acordo com o hagiógrafo, Frutuoso pertencia à família real e seu pai, embora importante chefe militar, também se ocupava da administração das propriedades familiares, onde a pecuária era a principal atividade. Sua formação religiosa teria se iniciado depois da morte dos pais, quando ainda era bastante jovem, na escola monástica conduzida por Conâncio. Ali teria ocorrido o primeiro milagre relacionado ao santo. Um dos companheiros do mosteiro teria, nos termos utilizados pelo autor, provocado a ira divina, após ter se apropriado da cela que seria ocupada por Frutuoso. A ocupação indevida teria sido interrompida com um inexplicável incêndio.

A preocupação com a fundação de casas monásticas está presente como indicação de sua primeira atitude ao atingir a fase adulta. Dessa forma, o cenóbio de Compludo, edificado em sua propriedade, é o marco inicial de uma série de construções. Também a propósito de tal construção faz-se a primeira menção ao demônio, que se utiliza ao longo da obra de diversas artimanhas para dificultar o principal objetivo de Frutuoso: a promoção da atividade monástica. O cunhado do santo, instigado pelo demônio, teria recorrido ao rei para que interviesse e tomasse do mosteiro sua parte na herança. Como no primeiro milagre, o castigo divino não tardou. Agora, mais contundente do que antes, provocou a morte do adversário do santo.

Na continuação, o autor destaca de forma enfática o desejo de isolamento de Frutuoso. Este, após providenciar um substituto para a administração da casa recém-criada, retira-se em busca das regiões mais inóspitas do noroeste da Península Hispânica. A partir de então, estabelece-se uma sequência de fundações e fugas: Frutuoso constrói um mosteiro e nele tenta se manter em solidão; sua fama, entretanto, atrai seguidores e ele procura em outra localidade viver a experiência eremítica, caracterizada pelo autor como impecável. Assim, são identificadas as construções dos mosteiros *Rufianensem*, *Visuniensem* e *Peonensem*, e posteriormente o que, entre Dume e Braga, abrigou seu túmulo. As referências não se limitam ao noroeste peninsular, tendo o autor assinalado ainda a fundação de dois mosteiros no trecho entre Cádiz e Sevilha, sendo um deles caracterizado como muito grande e localizado em área afastada do convívio. Apesar disso, o sucesso dessas fundações como polos de atração é mais uma vez referenciado. Para ali, segundo o narrador, dirigiram-se exércitos de monges.

Dentre as fundações, ressalta-se uma casa feminina. Após abrigar a jovem Benedicta, que fugia de um casamento, Frutuoso, encantado com o desejo que ela demonstrava de viver a experiência monástica, garantiu-lhe a construção de um pequeno refúgio. No local, tal jovem, dedicada intensamente à vida religiosa, inspirou considerável número de mulheres que a ela se juntaram. A iniciativa, cujo impacto teria sido grande, desdobrou-se em nova construção, quando o grupo feminino alcançou o número de oitenta integrantes.

A despeito dos ataques do demônio, que insistia em dificultar a tarefa do santo, o hagiógrafo recorda, além dos mosteiros que o próprio Frutuoso funda, o trabalho realizado por seus discípulos. Assim, refere-se à construção de um cenóbio por Teudiscolo, em local conhecido à época como Castro Leão.

Poucos são os episódios milagrosos da *Vita Sancti Fructuosi* que não se relacionam direta ou indiretamente à construção de mosteiros. Além das referências às intervenções sobre a natureza, envolvendo mudanças climáticas, o autor salienta o apego demonstrado por um animal que fora protegido de caçadores; o exorcismo de um agressor, que o confundira com um fugitivo; a travessia de um rio, enquanto os marinheiros dormiam, e a proteção de livros que teriam saído intactos na queda em um rio que Frutuoso e seus monges atravessavam. Mesmo estes dois últimos milagres podem ser relacionados à atividade monástica frutuosiana, já que a motivação para a travessia dos dois rios era certamente a visita a cenóbios distantes.

A elevação do santo ao episcopado é narrada, conforme o *topos* pertinente, que inclui desinteresse e recusa pela honra e reconhecimentos prestados. Assim, teria assumido o cargo, contrariado e decidido a manter seu estilo de vida. Para tal, o autor assegura que o santo dedicou o restante de sua vida à doação de esmolas e à construção de novos mosteiros.

A vida de Santo Amando

Amando nasceu em torno de 589, na Aquitânia[20]. Durante muito tempo, acreditou-se que o autor do seu testamento, Baudemond, também seria o responsável pela sua hagiografia. Na verdade, existem duas hagiografias do século VIII dedicadas ao santo, *Vita antiqua* e *Vita prima*. Esta última, a versão ampliada da mais antiga, foi escrita na segunda metade do século, e a mais curta teria sido produzida em torno de 714. Ainda que ambas sejam de autoria incerta, acredita-se que foram redigidas por um monge do mosteiro em que viveu Amando ou por um clérigo de Noyon, com base na tradição oral, e são as principais fontes sobre a vida do santo[21]. A historicidade de Amando, entretanto, é inequivocamente atestada em documentos da época, em particular nas cartas trocadas com Martinho I, bispo de Roma[22].

---

20. MOREAU, É. *Saint Amand* – Apotre de la Belgique et du nord de la france. Lovaina: Museum Lessianum, 1927, p. 50.

21. Ibid., p. 1-68.

22. *Exemplar epistolae Martini Papae*. In: KRUSCH, B. *Passiones vitaeque sanctorum aevi Merovingici* – Monumenta Germaniae Historica. Tomo V. Hanover: Brepols, 1910, p. 452-456.

A edição crítica da *Vita Sancti Amandi* (*Vida de Santo Amando*), realizada no início do século passado, apresenta a obra com vinte e seis capítulos, antecedidos de uma pequena introdução[23]. Pelos primeiros capítulos, sabemos do local de nascimento do santo e das origens abastadas de sua família. Ainda no princípio do texto, relata-se a oração de Amando a Martinho de Tours para que lhe garantisse uma vida de peregrinação. O hagiógrafo anuncia aqui, portanto, o que seria a característica mais marcante de Amando, a atividade missionária.

Antes de iniciar sua peregrinação visando à cristianização das populações camponesas, identificadas com as práticas pagãs, Amando se isola em uma cela por quinze anos. Neste período, teria praticado rigorosos jejuns, mortificando o corpo com a fome e se alimentado apenas de pão de cevada e água, abstendo-se, totalmente, como lembra o autor, de cerveja e vinho. Na sequência, vai à Península Itálica, onde mantém contato com o bispo de Roma, que o teria aconselhado a retornar à Gália. O encontro com as autoridades eclesiásticas e com o monarca franco desdobrou-se na sua elevação ao episcopado, conferindo-lhe a condição de primeiro bispo sem residência fixa no reino franco.

A partir de então, multiplicam-se as referências ao trabalho de divulgação do evangelho às populações pagãs. Para tal, dentre outros recursos, o santo instrui ex-escravos, que compra, liberta, e envia aos locais que desejava influenciar, nos mesmos moldes que Gregório Magno havia adotado em

---

23. Vita Amandi Episcopi. In: KRUSCH, B. Op. cit., p. 437-449.

relação à evangelização das Ilhas Britânicas[24]. Ainda que o relato de sua vida não seja tão rico em referências ao demônio como o de São Bento, o adversário também participa das suas aventuras e é em grande parte igualmente associado às práticas e àqueles que se mantêm refratários à cristianização.

Assim, o texto descreve regiões, como Gent, na atual Bélgica, que estariam controladas pelo demônio. Este personagem instigaria os habitantes, referidos como selvagens, a adorar árvores e ídolos. Amando, com o consentimento real e apoio episcopal local, teria se dedicado a convencer tais populações. Para tal, contou com a intervenção divina que lhe garantiu a realização de uma ressurreição. Assim, conforme descreve o hagiógrafo, o santo, famoso pelo milagre, conseguiu que os próprios camponeses destruíssem os templos. Nos mesmos locais o santo providenciou para que fossem construídos mosteiros e, embora ele próprio não se mantivesse na direção das novas fundações, cuidou para que homens e mulheres, sob sua orientação, dirigissem as recém--criadas instalações cenobíticas.

O conhecimento de que os eslavos estariam dominados pelo demônio, em termos semelhantes às populações de Gent, surge na narrativa como motivação para que Amando, mais uma vez, empreenda viagem em prol da cristianização.

A associação entre o demônio e a religiosidade camponesa se mantém na descrição da missão realizada junto aos povos bascos, identificados como praticantes de augúrios e outras superstições, além de adoradores de ídolos. O hagiógrafo

---

24. DIETZ, M. *Wandering monks, virgins and pilgrims* – Ascetic travel in the Mediterranean World, 300-800. University Park: The Pennsylvania University, 2005, p. 25-26.

menciona o árduo trabalho realizado por Amando e enriquece o relato, descrevendo a possessão e posterior arrependimento de um homem que teria ironizado a pregação do santo. O relativo sucesso, entretanto, só ocorreria mediante a realização pública de um milagre de cura. Na oportunidade, bastou que um homem cego lavasse o rosto com a água antes utilizada pelo santo para banhar as mãos para voltar a enxergar.

Nova cura de cegueira e mais uma menção ao demônio são apontados pelo autor da narrativa, ao mencionar a Região de Beauvais, a aproximadamente 100km de Paris. Ali, Santo Amando soube, durante uma viagem de pregação, que uma mulher perdera a visão por venerar ídolos, praticar augúrios e rezar em uma árvore dedicada ao demônio. Arrependida, a mulher aceitou derrubar com as próprias mãos a árvore, após o que, diante do sinal da cruz feito pelo santo, voltou a ver e passou o resto da sua vida em castidade.

O suporte material proveniente da monarquia franca, antes referido, é reafirmado em outras oportunidades, garantindo, por exemplo, que Amando seja elevado ao bispado de Maastricht, a despeito, conforme informa o hagiógrafo, de sua resistência e declaração de incapacidade para a função. Tal apoio é também registrado na menção ao pedido de terras que Amando teria feito ao rei para construir mais um mosteiro. O atendimento do pleito foi imediato, com a doação de propriedades em localidade próxima à cidade de Uzès.

Além da alusão a esta e a já feita a outras fundações, cabe ainda destacar duas outras menções: primeiro, a construção de Elnone, onde Amando teria vivido os seus últimos anos e referida pelo autor como um local de onde muitos egressos se tornariam abades. Segundo, o mosteiro próximo a Elnone, de onde procedia o vinho consumido pelos membros deste cenóbio. A menção ocorre a propósito do castigo sofrido por um monge que havia tentado enganar o santo ao não realizar o carregamento e o transporte do vinho entre as duas casas. Os elementos que envolvem o episódio sugerem a vinculação existente entre as duas construções, indicando que não apenas uma, mas ambas poderiam ser atribuídas ao zelo fundador de Amando.

Considerações finais

A experiência monástica ocidental, via de regra, não representou uma contestação enfática à instituição eclesiástica. Assim, apesar de manifestações pontuais, como a do priscilianismo, que defendia uma ascese muito próxima à praticada pelos primeiros monges do deserto, não se observa no Ocidente, dos primórdios ao período identificado com os reinos romano-germânicos, o tom polêmico do ambiente oriental.

O eremitismo também marcou a vida monástica ocidental, mas aqui de um modo geral se identificou com a trajetória inicial de importantes figuras da hierarquia clerical. Estes, conforme retratados nas hagiografias observadas, a despeito da simpatia por tal opção, celebrizaram-se pela defesa ou aceitação do cenobitismo, ao atingirem a maturidade. O isolamento está presente como ideal veementemente desejado por São Bento, São Frutuoso e Santo Amando, apesar de eles acabarem por ser designados para cargos com os quais esta aspiração não se poderia compatibilizar. Cabe lembrar que, a propósito da indicação para tais funções, a humildade dos três é enfatizada com a recusa inicial que, ainda que um *topos* hagiográfico, é registrada pelos hagiógrafos.

A rigorosa ascese praticada pelos santos no que concerne à mortificação da carne também é uma marca. Se São Bento é capaz de ferir o próprio corpo para evitar a paixão, São Frutuoso é comparado aos Padres do Deserto por seus exercícios severos e Santo Amando, por quinze anos, teria se alimentado apenas de pão e água. O extremo ascetismo dos santos legitima em certas circunstâncias o isolamento que almejam, mas serve também como justificativa à fundação dos mosteiros, cuja responsabilidade, por vezes, após a sua criação, é designada a substitutos.

A proteção divina, mais um *topos* hagiográfico, é um benefício usufruído pelos três, que, além de evitar que os santos sejam prejudicados, garante a realização de milagres. Milagres estes que, como vimos, são essenciais ao cumprimento dos objetivos dos hagiografados: atuar no sentido da cristianização. Assim, São Bento consegue fama e influência devido aos milagres que realiza; Frutuoso garante que seus mosteiros sejam construídos, a despeito das investidas do demônio, por intervenções milagrosas, e Santo Amando enfrenta as mais idólatras das populações, seja próximo aos Pireneus ou na atual Bélgica, pela sua capacidade de convencer, favorecida pela realização de milagres. Verifica-se, pois, que, a despeito do perfil ascético e exemplar de que eles dispõem, a proteção divina é o instrumento mais poderoso que têm à disposição.

As lutas contra o demônio, outro *topos*, são a garantia de uma narrativa movimentada. O demônio, antagonista por excelência, ao atuar como empecilho, pode ser caracterizado como o elemento desencadeador do protagonismo dos santos. Ora identificado com o que desvia os monges da retidão, ora atuando como aquele que tenta impedir a construção de mosteiros ou ainda como o responsável pela prática de superstições e augúrios das populações rurais, é a este adversário que se deve atribuir o heroísmo dos santos.

São Bento, São Frutuoso e Santo Amando, exemplos de santos cujas hagiografias foram produzidas nos reinos romano-germânicos, ainda que estejam inseridos em conjunturas específicas, expressam os anseios gerais de cristianização do momento e revelam a importância que a construção de mosteiros e multiplicação de comunidades monásticas assumiu neste processo.

3

Santos e episcopado na Península Ibérica

Paulo Duarte Silva

Por muito tempo, a historiografia abordou o tema da santidade medieval a partir, predominantemente, de duas perspectivas opostas. Assim, a leitura dos textos hagiográficos costumava reforçar uma visão apologética e, por isso, comprometida com a devoção católica ou, ao contrário, rejeitava a possibilidade de os protagonistas narrados poderem ser elevados a tal condição espiritual e se tornar objeto de culto, sobretudo pela realização dos milagres.

Nas últimas décadas, contudo, as pesquisas referentes ao tema avançaram em termos quantitativos e qualitativos, contribuindo para atenuar o antagonismo entre tais interpretações e, ao mesmo tempo, para ampliar o conjunto de documentos históricos explorados[1]. Dentre os diversos temas relacionados à santidade que têm sido alvo de estudos historiográficos, destaca-se a santidade episcopal. Neste

---

1. Com isso, as pesquisas ampliaram as discussões conceituais e metodológicas sobre os diferentes documentos do período que se referiam aos santos, tais como as *vidas*, os *martiriólogos*, *calendários*, *hinos* e *passionários*, dentre outros escritos que se somariam àqueles que são costumeiramente atribuídos aos próprios personagens hagiografados.

sentido, os estudos de Peter Brown[2] sobre a atuação dos "homens santos" frente às comunidades cristãs tardo-antigas – em acordo ou em oposição aos interesses das autoridades episcopais estabelecidas – possuem particular importância.

Ao superar a citada dicotomia entre as interpretações históricas sobre as relações entre santidade e episcopado no contexto medieval, a obra de Brown abriu caminho para explicações que investigassem o contato entre os eclesiásticos "seculares", sob os cuidados dos bispos, e outros grupos religiosos, como os monges e, a partir da Idade Média Central (séculos XI-XIII), mendicantes, cônegos agostinianos e ordens militares.

Amparado na sociologia e na antropologia, o historiador irlandês questionou o contraste existente entre as atividades mundanas do clero diretamente subordinado ao bispo e os demais grupos, cujos ascetismo e espiritualidade costumavam ser mais diretamente associados à santidade. No que se refere à relação entre bispos e monges, de maior interesse neste capítulo, desde então os pesquisadores passaram a contestar as fronteiras entre os cuidados pastorais e públicos sob responsabilidade episcopal e o suposto "isolamento do mundo" vivido pelo monacato.

Nos primeiros séculos cristãos, o termo *episkopoi* indicava aqueles que, auxiliados pelos presbíteros, eram responsáveis pela supervisão dos recursos materiais das comunidades cristãs. Deste modo, eram relegados perante os professores, profetas e anciãos, que então tinham maior destaque.

---

2. BROWN, P. The Rise and Function of the Holy Man in Late Antiquity. *Journal of Roman Studies*, Londres, vol. 61, 1971, p. 80-101, 1971. • BROWN, P. *The Cult of the Saints*: Its Rise and Function in Latin Christianity. Chicago: University of Chicago, 1981.

Documentos como o *Didaché* e as cartas de Inácio de Antioquia mostram que, desde fins do século I, gradualmente passaram a realizar funções litúrgicas, como a celebração da Eucaristia e da penitência pública, além de disporem de mais bens materiais, em função da própria expansão do cristianismo. Por volta do século III, algumas comunidades já contavam com *monoepiscopados* ou bispados à sua frente, nos quais a aclamação popular para a eleição episcopal cedia espaço à restrição do processo de escolha entre um colegiado de bispos regionais.

Sabe-se que, desde o início do século IV, o processo de aproximação entre Império e Igreja[3] provocou diversas mudanças na organização do cristianismo e da estrutura eclesiástica. Assim, o fim das perseguições e dos chamados "martírios de sangue" teria influenciado na expansão de movimentos ascéticos orientais como o eremitismo e o cenobitismo. No Ocidente cristão tais práticas podem ser identificadas como uma nova modalidade de martírio: o "martírio branco", que assumiria maior popularidade, sob influência da *Vida de Santo Antão* (360), escrita por Atanásio de Alexandria, e das *Regras* monásticas atribuídas a Pacômio (século IV) e, sobretudo, Bento (século VI).

Além disso, com a desarticulação da administração imperial e o esvaziamento dos cargos curiais e, a um só tempo, com a ampliação dos privilégios e isenções dados aos eclesiásticos,

---

3. Por "Igreja" entendemos o conjunto das comunidades cristãs orientais e ocidentais, levando em conta a diversidade e as divergências referentes aos evangelhos e epístolas aceitas, às questões dogmáticas, aos ritos e datas a serem observados e mesmo à disciplina imposta aos leigos e clérigos. Portanto, até fins da Alta Idade Média (séculos IV-VIII) é problemático considerar a existência de uma Igreja "unificada", sob a liderança do bispo romano, mesmo no Ocidente cristão.

aumentavam as disputas aristocráticas locais e regionais pelo controle dos bispados.

Embora não deva ser visto como intencional ou deliberado – estando ainda sujeito a sensíveis variações regionais –, tal processo foi particularmente intenso no Ocidente, fazendo com que gradualmente as aspirações dos grupos aristocráticos aos cargos eclesiásticos se articulassem ao interesse pela adesão ao monasticismo. Apesar de suas diversas vertentes, durante a Alta Idade Média (séculos IV-VIII) se observa o predomínio do monacato beneditino, disseminado por iniciativa da sede romana, por seu envolvimento com o Império Carolíngio e devido às atividades missionárias. Entre os séculos X e XI ocorre a consolidação das ordens beneditinas de Cluny, e, posteriormente, Cister.

As sucessivas transformações ocorridas na Idade Média Central (séculos XI-XIII) levaram as cidades medievais a assumirem maior importância social e econômica. Polos de atração comercial e demográfica, os espaços urbanos se associaram a novas exigências espirituais: ladeadas por cluniacenses e cistercienses, as ordens mendicantes – franciscana e dominicana, sobretudo – moldaram tais demandas e se articularam ao conjunto de mudanças institucionais então postas em marcha pelo papado, comumente chamadas de "Reforma Gregoriana"[4].

Uma vez reconhecida a estreita correlação entre bispos, monges e mendicantes, neste capítulo examinamos

---

4. Vale dizer que, embora a historiografia venha criticando a noção de "Reforma Gregoriana", optamos por empregá-la por não haver consenso em como nomear o fenômeno de organização da Igreja sob liderança do papado observado no período. RUST, L.D. & SILVA, A.C.L.F. A Reforma Gregoriana: trajetórias historiográficas de um conceito. *História da historiografia*, vol. 3, 2009, p. 135-152. Rio de Janeiro/Ouro Preto.

as relações entre o *cursus* episcopal e as ordens religiosas na carreira de alguns bispos tomados como santos pela tradição cristã. Incluímos bispos da Alta Idade Média (séculos IV-VIII), para os quais não existiam formas institucionais eclesiásticas para a verificação de sua santidade; ou seja, distantes dos processos de canonização desenvolvidos como parte integrante da supracitada "Reforma Gregoriana" e, por isso, ligados a disputas de legitimidade, locais e regionais.

Além disso, consideramos também os cônegos regrantes que, da Idade Média Central em diante, associaram-se a uma igreja específica a partir de um voto de castidade, pobreza e obediência. Embora provavelmente não fossem tão populares quanto monges ou mendicantes, a adesão ao canonicato pode ser tomada como um elemento relacionado à legitimação e santificação de uma personagem medieval. Diante das diversidades regionais, optamos por privilegiar o estudo do ambiente peninsular ibérico, elencando bispos que atuaram entre os séculos VI ao XIII.

Tal período abarca distintas formações políticas: os reinos formados com a instalação e cristianização de grupos "bárbaros", suevo e visigodo (séculos V-VIII); o Reino Cristão de Astúrias (séculos VIII-X), núcleo de resistência cristã aos sucessivos domínios islâmicos (séculos VIII-XV) – notadamente o Califado de Córdoba (séculos IX-X) –, e o período de avanço da chamada "Reconquista"[5] (séculos XI-XIII).

---

5. A expressão está associada às campanhas militares promovidas pelos cristãos na península e em parte do Mediterrâneo Ocidental entre os séculos XI e XV e a consequente formação dos reinos ibéricos, dos quais se destacaram Portugal, Navarra, Aragão, Leão e Castela. Vale dizer que a expressão tem de ser vista com cautela, tendo em conta seu tom triunfalista.

Nossa seleção priorizou elementos como a *trajetória institucional dos bispos*, com particular atenção à *reorganização ou fundação de mosteiros e conventos*, a participação em *concílios e as relações assumidas com as autoridades monárquicas*[6]. Além destes aspectos, interessa-nos saber como a posteridade considerou a santidade de tais figuras, sobretudo no que se refere a *relíquias* e eventuais processos de *beatificação e canonização*.

A partir de agora, apresentamos os santos bispos ibéricos, em ordem cronológica. Os bispos aqui selecionados são: Martinho de Braga, Isidoro de Sevilha, Rosendo de Celanova, Ato de Oda, Olegário de Tarragona, Bernardo Calvo de Vic, Agno de Saragoça e Berengário de Peralta.

Martinho de Braga (520-580)

Originário da Panônia, atual Hungria, Martinho se tornou monge em sua peregrinação pela "Terra Santa". Além disso, é provável que tenha vagado pelo Egito, pela Itália e pela Gália[7], antes de se fixar na Galiza em meados do século VI. A região estava então sob domínio suevo, grupo germânico que se instalara no noroeste peninsular em inícios do século anterior, estabelecendo a capital de seu reino em Braga.

Embora a peregrinação aos centros cristãos do Oriente – Síria e Egito, sobretudo – já tivesse sido feita por outros ecle-

---

6. Utilizamos o *banco de dados de hagiografias ibéricas* desenvolvido pela equipe de pesquisa sob coordenação da Prof.-Dra. Andréia Cristina Lopes Frazão da Silva (UFRJ). Cf. SILVA, A.C.L.F. (coord.). *Banco de dados das hagiografias ibéricas* (século XI ao XIII). Rio de Janeiro: Pem, 2009 [Coleção Hagiografia e História, vol. 1] [Disponível em http://www.ifcs.ufrj.br/~frazao/hh1.pdf – Acesso em 20/11/2014].

7. Onde é provável que tenha visitado ainda a sede de Tours, na qual teve contato com Venâncio Fortunato, bispo de Poitiers, em inícios do século VII, e Gregório, conhecido bispo de Tours (573-594) e responsável pela redação da *História dos francos*.

siásticos da região como Paulo Orósio e Idácio[8], Martinho parece ter capitaneado de modo mais decisivo tal estadia oriental, uma vez que esta lhe garantiu conhecimentos sobre o ascetismo por lá praticado[9] e sobre a língua grega. Ao mesmo tempo, referendado pela passagem por tais localidades, Martinho podia confrontar certas práticas ascéticas em voga na região da Galiza, então associadas com a dita heresia "priscilianista"[10].

A historiografia comumente destaca o papel de Martinho na articulação com a monarquia sueva e sua conversão ao cristianismo niceno[11], expressos na liderança de dois concílios realizados em Braga (561-572)[12] e nos escritos destinados aos monarcas germânicos, que lhe garantiram a alcunha de "Apóstolo dos Suevos".

---

8. Paulo Orósio (m. 420) foi clérigo e produziu, dentre outros escritos, uma *História contra os pagãos* (416-417). Idácio, por sua vez, foi bispo de *Aqua Flaviae* (427-469), atual Chaves, conhecido pela redação de uma *Crônica*.

9. Como se observa em sua obra *Sentença dos Padres do Egito*. A maior parte dos escritos de Martinho pode ser encontrada em MARTINHO DE BRAGA. *Obras Completas*. Madri/Fundación Universitaria Española, 1990 [Ed. de Ursicino del Val].

10. Condenado pelas autoridades imperiais em fins do século IV, o movimento liderado por Prisciliano foi acolhido pelas populações galaicas. Caracterizado pelo rigorismo ascético – em particular, pela recusa no consumo da carne –, pela aceitação de livros estranhos ao conjunto do Novo Testamento e de práticas astrológicas, o priscilianismo se estabeleceu no interior da Galiza ao se associar ao conjunto de práticas típicas da população rural, identificadas pelas autoridades eclesiásticas como "pagãs".

11. O cristianismo niceno é aqui identificado com as decisões tomadas nos concílios de Niceia (325) e Calcedônia (451), responsáveis pela condenação de outros grupos cristãos, caso dos arianos, monofisitas e nestorianistas. No Ocidente, a sede de Roma foi a principal divulgadora do cristianismo niceno.

12. As atas dos concílios bracarenses, assim como os concílios citados no caso de Isidoro, a seguir, podem ser encontradas em: *Concílios visigóticos e hispano-romanos*. Madri: Csic/Instituto Enrique Florez, 1963 [Ed. de Jose Vives].

No período imediatamente seguinte à sua chegada ao noroeste peninsular (c. 550-556), Martinho empenhou-se na construção de um mosteiro em Dume, localizado próximo à Braga, então inquestionável centro decisório político e eclesiástico. Em poucos anos, o mosteiro revelou-se um sucesso tanto para as ambições clericais de Martinho quanto para o episcopado bracarense e a corte sueva. A proeminência adquirida pelo mosteiro dumiense é testemunhada especialmente pela nomeação de Martinho como prelado de Dume em 556 – bispado criado *ex novo*, para o qual manteve seu cargo de abade.

Ao menos dois aspectos, a nosso ver correlatos, ajudam a explicar o impacto produzido pelo mosteiro: a supracitada fama e liderança ascética e intelectual de Martinho e o apoio régio, verificado pelas vultosas despesas em sua construção. Atuando como centros de aprendizado linguístico, dogmático e canônico para os quadros eclesiásticos e, ao mesmo tempo, disciplinando as práticas ascéticas consideradas adequadas aos monges, o mosteiro dumiense contribuiu decisivamente para consolidar as instituições monásticas na Galiza. Com o tempo, Dume tornou-se a sede de uma federação de mosteiros atuantes na região.

Morto em 579-580, Martinho teria sido sepultado na capela de Martinho de Tours – a quem o bispo de Braga aludiu em seu *epitáfio*[13], localizada no Mosteiro de Dume[14]. Poucas décadas após sua morte, o bispo-abade recebia elogios de

---

13. MARTINHO DE BRAGA. Op. cit., p. 11.

14. Local cultuado no período medieval [Disponível em http://ler.letras.up.pt/uploads/ficheiros/2096.pdf – Acesso em 20/11/2014].

Gregório de Tours[15] e Isidoro, bispo de Sevilha, o que, dentre outros aspectos, evidencia a disseminação do seu culto para além da Galiza, como destacado a seguir[16]. Embora não tenhamos registro de que tenha sido objeto de reconhecimento oficial de santidade, nem mesmo de alguma hagiografia escrita a seu respeito, a tradição regional[17] – e, nos dias de hoje, portuguesa – dedicou a data de 20 de março à sua festa.

Além disso, destacam-se as relações entre Martinho e clérigos da aristocracia franca como possível motivação para que seu culto alcançasse outras regiões. Tal notoriedade fora da península também é devedora do estreitamento da relação entre as dioceses de Braga e Roma: precedido pelas trocas epistolares entre Virgílio de Roma e Profuturo de Braga (c. 538), nos referidos concílios Martinho uniformizou as práticas litúrgicas da Galiza a partir do que fora determinado pela sé itálica.

Assim, o estabelecimento do culto martiniano na peninsula e alem remete a dois aspectos. Em primeiro lugar, à sua *atuação episcopal*, expressa na aliança com a monarquia sueva, na condução dos sínodos bracarenses e nos diversos textos que lhe são atribuídos, além da própria *consolidação do Mosteiro de Dume*, tido como referência ascética e intelectual regional.

---

15. *História dos francos*, vol. 37. ● GREGÓRIO DE TOURS. *Histoire des francs*. 2 vol. Paris: Société d'Editions, 1979 [Les Belles Lettres] [Ed. de Robert Latouche].

16. *Varões ilustres*, 12. ● ISIDORO DE SEVILHA. *El "De viris illustribus" de Isidoro de Sevilha*. Salamanca: Csic/Instituto "Antonio de Nebrija", 1964 [Ed. de Carmem Codoñer].

17. Nos dias de hoje, Martinho é tomado como santo português [Disponível em http://www.agencia.ecclesia.pt/noticias/nacional/quem-sao-os-santos-de-portugal/ – Acesso em 20/11/2014].

Isidoro de Sevilha (560-636)

Protagonista do chamado "Renascimento Visigodo"[18], momento em que a produção literária eclesiástica floresceu paralelamente ao crescimento do número de centros de ensino religioso e laico, Isidoro de Sevilha teve sua atividade intelectual e política reconhecida logo nas décadas seguidas à sua morte.

Testemunhada pelas homenagens presentes nos escritos de Bráulio, bispo de Saragoça (590-651), e pelas atas dos concílios VIII e XV de Toledo – respectivamente, em 653 e 688 – sua notoriedade se ampliaria nos séculos posteriores, precisamente por ser tomado como gênio intelectual desse período de intensa atividade cultural. Politicamente, sua figura se destacara nos concílios de Sevilha (619) e, em especial, no IV de Toledo (633), convocado pelo monarca visigodo Sisenando (631-636) e que ampliava as relações entre o episcopado católico ou niceno e a monarquia – esta, convertida ao catolicismo no III concílio toledano de 589.

Isidoro era membro de família aristocrática com importante presença na elite eclesiástica. Sabe-se que seu irmão mais novo, Fulgêncio, fora bispo de Ástigis (590/600-630); sua irmã Florentina (m. 612), por sua vez, teria sido abadessa de diversos mosteiros, e Leandro, bispo de Sevilha. Isidoro foi educado nas *artes liberais*[19] na escola catedralícia de Sevilha, sob os cuidados de seu irmão mais velho, Leandro, a quem sucedeu no bispado da cidade (600-601).

---

18. ORLANDIS, J. *La vida en España en tiempo de los godos.* Madri: Rialp, 1991, p. 66-83.

19. Cujas disciplinas eram geralmente divididas em *trivium* (Gramática, Dialética e Retórica) e *quadrivium* (Aritmética, Geometria, Música e Astronomia).

Embora não se saiba se chegou a frequentar mosteiros previamente à sua ascensão episcopal, desde seus primeiros anos de governo Isidoro buscou proteger e estimular a expansão do monasticismo ibérico. Neste sentido, o principal fruto de sua associação aos monges foi a produção de uma *regra* (615-619)[20]. Tal como escritos similares produzidos no mesmo século, como as regras atribuídas ao seu irmão, Leandro, e a Frutuoso, bispo de Dume-Braga (m. 665), este documento visava ordenar e legitimar a prática monástica – com sensíveis variações disciplinares e organizativas.

A nosso ver, o empenho isidoriano na disseminação do monasticismo deve ser relacionado à decisão adotada no IV Concílio de Toledo (633), que dispunha sobre a criação de escolas nas quais seriam lecionadas as artes liberais bem como as línguas hebraica e grega, assim como – e sobretudo – à sua notória capacidade criativa. Sua fama intelectual parece-nos, pois, ser tanto ligada à publicação, dentre outros, de *crônicas* e *histórias* e, sobretudo, à obra conhecida como *Etimologias*[21]. Tratava-se de uma monumental compilação de boa parte do conhecimento antigo – parcialmente sob o prisma da perspectiva cristã –, tomada como referência por todo o Medievo.

Assim, somada ao empenho pela expansão do monasticismo e pela tentativa de ampliação de escolas peninsulares, a redação das *Etimologias* figura dentre as principais razões ao culto santoral isidoriano, associado à preservação e difusão do conhecimento.

---

20. ISIDORO DE SEVILHA. *Regras monásticas de la España visigoda.* Madri: BAC, 1971, p. 90-125 [Ed. de Julio C. Ruiz e Ismael R. Meliá].

21. ISIDORO DE SEVILHA. *Etimologias.* Cambridge: Cambridge University, 2006 [Ed. de S. Barney, W.J. Lewis, J.A. Beach e O. Berghof].

Isidoro faleceu e foi sepultado em 636. Embora se acreditasse que suas relíquias estivessem depositadas em Sevilha desde sua morte, o culto isidoriano sofreria intensa transformação a partir da "Reconquista". Do século XI em diante, Isidoro – então exaltado por seus escritos – passaria a ser cultuado, sobretudo, como o "último santo" do período visigodo e como inimigo do Islã. Tal imagem atendia especialmente aos interesses das rivais monarquias de Aragão e Leão que, pelo traslado de suas relíquias de Sevilha a Leão e pela divulgação de uma série de hagiografias, patrocinavam seu culto de modo a garantir maior legitimidade às suas coroas.

Canonizado pelo Papa Clemente VIII em 1598, nomeado Doutor da Igreja por Inocêncio III em 1722, Isidoro hoje é reconhecido ainda como padroeiro dos estudantes, programadores e mesmo da internet.

Rosendo de Celanova (907-977)

Entre os séculos VIII e IX carecemos de informações textuais acerca da atividade eclesiástica ibérica. Tal escassez deriva em parte das transformações políticas e culturais ocasionadas pela supracitada desarticulação do reino visigodo e instalação dos mouros na maior parte da península.

No século X despontou Rosendo, protagonista dos assuntos monásticos e episcopais no norte ibérico. De origem aristocrática, Rosendo teve sua carreira pública ligada à corte galaico-leonesa. Nomeado pelo monarca Ordonho III (951-956) como *governador* de Celanova (desde 955) e, depois, da própria Galiza (entre 968-969), além de ter tomado parte nas disputas entre os monarcas Ordonho IV e Sancho I (958-

960), foi responsável pela defesa da região tanto frente aos muçulmanos quanto, em particular, aos normandos (968).

Contudo, Rosendo provavelmente se notabilizou mais por sua atuação episcopal-abacial. Desde 927 à frente do bispado de Dume – então transferido para a sede de Mondonhedo –[22], foi responsável pela criação de mosteiros, como o de São João de Caveeiro (934) e, em particular, de São Salvador de Celanova (937). Além destes, é provável que tenha participado da fundação dos mosteiros de São João de Vieira e de Vilanova e erguidos por sua prima, Santa Senhorinha. Tanto nestes quanto em outros mosteiros, Rosendo buscou restringir algumas das práticas arraigadas entre os monges galaicos. Associados ao período da Alta Idade Média (séculos IV-VIII) e conhecidos como "frutuosianos" ou "visigóticos", tais mosteiros foram alvo de um processo de enriquecimento e de solenização de sua liturgia, afastando-se gradualmente de seu perfil tradicional de cunho familiar e simples.

Embora se saiba que tais mudanças não significavam a adoção homogênea e inconteste da Regra Beneditina, é possível relacioná-las ao processo de ampliação dos mosteiros beneditinos pelo Ocidente. Este fenômeno esteve particularmente vinculado aos mosteiros carolíngios e, sobretudo, à supracitada ordem cluniacense. Assim, a partir do século X os mosteiros ocidentais passaram a adotar parcial ou integralmente a Regra de São Bento, então propagada pelo Mosteiro de Cluny. A difusão de tal normativa foi então fa-

---

22. Sabe-se que Rosendo foi ainda bispo de Iria Flavia-Santiago de Compostela entre 968 e 977, ano em que veio a se retirar ao Mosteiro de Celanova poucos meses antes de sua morte.

vorecida tanto por sua adaptabilidade às variadas condições econômicas e climáticas encontradas no Ocidente quanto por ter contado com o apoio papal e dos poderes seculares.

De modo mais nítido que nos demais casos já apresentados, o culto a Rosendo foi estreitamente vinculado a um mosteiro – a saber, o de Celanova, no qual estariam depositadas suas relíquias desde 1601. A nosso ver, tal associação derivava da propagação de um tipo eclesiástico em difusão desde o século X no Ocidente, qual seja, o *abade-bispo*[23].

Neste sentido, vale destacar que um dos principais documentos referentes ao ambiente monástico galaico no período, *Vida e milagres de São Rosendo*[24], atribuído a Ordonho e Estêvão, monges de Celanova (séculos XII-XIII), em larga medida refletia a consolidação paulatina do monasticismo beneditino na região – sobretudo com o estreitamento das relações entre Cluny e a corte leonesa, a partir do reinado de Fernando (1037-1065). Deste modo, desde o século XII a monarquia leonesa e o Mosteiro de Celanova parecem ter relacionado o movimento de "beneditinização" dos mosteiros galaicos à iniciativa de Rosendo. Tal ideia só poderia ser construída em retrospectiva, pois, embora o abade-bispo tenha de fato contribuído, tal processo ainda estava em andamento à época da redação da hagiografia.

---

23. Tratava-se daqueles que, antes de assumir o episcopado, tinham sido abades – geralmente em mosteiros ligados a Cluny. Considerava-se então que seu preparo ascético e intelectual e sua filiação cluniacense pudessem fazer frente a um conjunto eclesiástico tido como relaxado e "mundanizado", isto é, refém do poder secular.

24. ORDONHO DE CELANOVA. *Vida e milagres de São Rosendo*. Fundación Pedro Barrié de la Maza, 1990 [Ed. de M. Díaz y Díaz, M. Gomes e D. Pintos].

A aprovação do processo de canonização de Rosendo (1195) pelo Papa Celestino III (1191-1198) pode ser tomada como indicativo da aceitação, pelo papado, de sua importância nos assuntos eclesiásticos – e, em específico, monásticos – da Galiza. Tal como a hagiografia atribuída a Ordonho e Estêvão, esta canonização reforçava a associação entre o abade-bispo de Celanova e a disseminação do beneditismo na região.

Ato de Oda/Valpuesta (m. 1044)

Nascido na segunda metade do século X no norte peninsular – provavelmente Tarragona –, Ato foi bispo da Província de Oda/Valpuesta, enclave da Região de Castela. Além de ser responsável por uma sede em processo de reorganização eclesiástica, seu caso se destaca pela peculiar mudança nos rumos tomados pelo religioso.

A saber, ao contrário do percurso feito por muitos dos mais conhecidos eclesiásticos do Ocidente medieval, como Agostinho de Hipona, Cesário de Arles e o próprio Martinho de Braga, Ato se tornou monge após abandonar o bispado por volta de 1039, retirando-se ao Mosteiro de San Salvador de Oña. À época, este mosteiro beneditino era governado por Iñigo, cuja atuação parece ter inspirado diretamente Ato que, após ter renunciado a seus bens e ao cargo episcopal, ali conviveu e estudou com o abade. É possível que pouco antes de morrer (c. 1044) Ato tenha se dirigido ao Mosteiro de Aldeal, nas cercanias da Província de Burgos.

A tradição afirma que suas relíquias foram depositadas no referido Mosteiro de São Salvador, assim como as de Iñigo, morto entre 1057 e 1071. Se, por um lado, tal relato reforça a impressão de que estes nutriam de fato uma estreita amizade, por outro se pode cogitar a possibilidade de o retiro episcopal de Ato se relacionar ainda com a tensa situação dos limites diocesanos, sujeitos a constantes e súbitas alterações.

Motivadas por questões internas aos interesses episcopais – disputas de poder ou adequação às condições regionais e à própria capacidade clerical de se "capilarizar" pelos territórios – ou mesmo pelos conflitos militares associados à "Reconquista"[25], tais aspectos eventualmente são observados no estudo dos santos ibéricos medievais. De fato, os limites diocesanos peninsulares estiveram em constante rearranjo, de modo a atender aos objetivos de sés concorrentes – vide as disputas entre Oca e Valpuesta – ou a se adequar aos limites entre as rivais monarquias cristãs e entre estas e os domínios muçulmanos.

Quanto ao culto a Ato, embora fosse estreitamente ligado ao de Iñigo, não parece ter alcançado a mesma repercussão. Ao contrário do último, canonizado em 1259 e de quem se conhece uma hagiografia, somente a partir do século XV o culto a Ato, até então local, passou a ter alcance regional. No que se refere ao traslado de suas relíquias, este ocorreu no próprio espaço interno do referido Mosteiro de Oña.

Olegário de Tarragona (1060-1137)

Decorrida entre meados do século XI e a primeira metade do seguinte, a carreira de Olegário de Tarragona representa, em larga medida, a ampliação de dois elementos observados nos casos de Rosendo e Ato: a saber, o crescente envolvimen-

---

25. [Disponível em http://www.euskomedia.org/aunamendi/137287 – Acesso em 20/11/2014].

to do episcopado com os eventos políticos e militares regionais, bem como com o monasticismo e a sucessiva alteração dos limites diocesanos[26].

Oriundo de família nobre de Barcelona, cujo pai fora secretário do Conde Ramón Berenguer I (1035-1076), Olegário tornou-se cônego da catedral da cidade aos 10 anos. Mais tarde, após ter sido, provavelmente, preposto do canonicato de sua cidade natal, Olegário ingressou na comunidade de cônegos regrantes agostinianos de San Adrián de Besos, localizada próxima a Barcelona. Em seguida, foi prior da comunidade canônica agostiniana de São Rufus (c. 1113), em Avignon, no sul da França.

Resultante ou não de sua grande capacidade diplomática[27] e do estreitamento de suas relações com cônegos e eclesiásticos catalães[28], Olegário foi nomeado bispo de Barcelona pelo Conde Ramón Berenguer III (1116). Em 1118, após prestar homenagens, foi elevado a arcebispo de Tarragona pelo Papa Gelásio II, de quem fora companheiro em São Rufus. Chamada de "Nova Catalunha", tal região fora há pouco libertada do domínio muçulmano e seria alvo das investidas do recém-elevado bispo.

---

26. Vale destacar que, embora crescente, a interferência bispal nos assuntos políticos e militares não era então uma novidade. Como dito, Martinho e Isidoro estiveram diretamente envolvidos nos assuntos régios, não somente pela condução dos concílios de Braga e Toledo bem como, no caso martiniano, pelas sucessivas cartas enviadas aos monarcas suevos.

27. Após ter mediado alianças entre as forças marítimas do Mediterrâneo Ocidental, a República de Pisa, o Condado da Provença e o Reino de Cagliari, contra os piratas almorávidas sediados nas Ilhas Baleares.

28. Acredita-se que, neste ínterim, Olegário tenha aderido à confraria de San Pedro de la Portella e que tenha sido responsável pela criação do colegiado de Santa Maria da Terrasa.

Sua atividade na região também possuía o aval do conde que o consagrara, e foi ligada ao esforço pela reocupação e defesa do território e, sobretudo, à reconstrução de igrejas. Além destas, tomando as regras dos cônegos agostinianos como referência, empenhou-se na reorganização de diversos mosteiros catalães, tais como o de Santa Eulália e o de Santa Maria de Ripoll, bem como na construção de um hospital aos clérigos.

Como bispo de Barcelona e arcebispo de Tarragona, Olegário ampliou sua capacidade diplomática, ao atuar na Querela das Investiduras e nas disputas entre as cortes de Aragão e Castela, bem como tomou parte em importantes concílios papais. Entre 1119 e 1131, compareceu aos sínodos de Toulouse (1119), Reims (1120), I Latrão (1123), Narbonne (1129), Clermont (1130) e Rheims (1131). Em Clermont, além de ter sido particularmente importante na condenação do Antipapa Anacleto II, foi nomeado como legado pontifício na Península Ibérica para atuar na "Reconquista" contra o Islã.

Celebrado no dia 6 de março, o culto a Olegário encontra-se ainda hoje associado à Catedral de Barcelona, onde se acredita que seu corpo repouse. Ainda no século XII a *Vitae beati Olegari* seria tomada como um dos marcos em seu processo de canonização: embora hoje perdida, tal hagiografia teria inspirado a *Vitae Sancti Ollegarii*, produzida dois séculos depois, que serviria como base para uma terceira vida redigida por ocasião de sua canonização papal, em 1675.

Esta última hagiografia, tal como o referido processo papal, confirmava a aceitação, pela sede romana, de um personagem cujo culto estivera intimamente ligado tanto aos assuntos da corte catalã e à hierarquia eclesiástica regional quanto aos principais eventos políticos do Mediterrâneo

Ocidental, nos quais o papado assumia crescente influência durante a Idade Média Central. Deste modo, a Igreja Romana de fins do século XVII reforçava seus laços com o episcopado e canonicato catalão por meio de um culto amplamente aceito e divulgado.

Bernardo Calvo (1180-1243)

Nascido em Mas Calbo, na Tarragona, oriundo de uma família de cavaleiros e de formação universitária, Bernardo foi juiz e funcionário da cúria tarraconense até 1214, quando ingressou no mosteiro cisterciense de Santes Creus, onde foi abade[29]. Foi também cônego e vigário da Catedral de Tarragona. Entre 1222 e 1233, Bernardo foi eleito bispo de Vic. Acredita-se ainda que tenha sido responsável pela criação do mosteiro cisterciense feminino de Valldonzella.

Na condição de bispo, Bernardo lançou-se contra alguns dos que eram considerados "inimigos da Cristandade". Assim, por iniciativa papal em 1232 foi nomeado inquisidor contra os valdenses nas fronteiras com a França. Além disso, foi particularmente relevante nos cercos de Valência e Burriana (1238), então sob domínio muçulmano. Sob a liderança de Jaime, rei de Aragão (1213-1276), tal campanha de conquista foi coroada com a realização da primeira missa por Bernardo, na mesquita de Valência, seguida da doação de castelos ao bispo.

A proeminência política e eclesiástica de Bernardo seria também evidenciada por sua participação nas cortes de Barcelona convocadas por Jaime I, assim como nos concílios de

---

29. Posteriormente foi apontado como abade perpétuo do mosteiro.

Lérida (1229) e Tarragona (1230). Além disso, considerando que além de militar era jurista de origem, Bernardo seria responsável pela redação do *Fuero de Valência*, que passaria a reger o recém-criado reino de Valência a partir de 1260.

Morto em 1243, Bernardo foi enterrado na Catedral de Vic. Embora não se conheçam hagiografias medievais sobre o bispo[30], em 1260 Bernardo foi beatificado pelo Papa Alexandre IV, e suas relíquias foram enviadas à Igreja Prioral de São Pedro, na Tarragona, por volta do século XVI. Em 1710 foi canonizado pelo Papa Clemente XI.

Tal como no caso de Olegário, a aceitação papal ao culto de Bernardo parece reforçar os laços institucionais entre os cristãos da Catalunha e o papado. Deste modo, tomava-se como referência uma figura ativamente envolvida nos principais assuntos políticos e eclesiásticos não só da região catalã, mas da Andaluzia. Neste sentido, Bernardo fora exaltado por sua atuação no confronto com os valdenses e, em especial, contra o Islã.

Agno de Saragoça (1190-1260)

Nascido em Gallur, na província tarraconense de Saragoça, Lope Fernando ainda jovem se tornou cônego da Igreja de Nossa Senhora do Pilar de Saragoça, posteriormente alcançando o cargo de superior nesta mesma localidade. Em seguida, ingressou na Ordem Franciscana.

Lope se destacou por sua predicação e, sobretudo, por sua atuação episcopal no sul peninsular ibérico, área limítrofe entre a Cristandade e o Islã. Nesta condição, além de ter sido

---

30. A mais antiga hagiografia que se tem registro, a *Vita Sancti Bernardi Calvonii*, foi redigida por Onofre Relles em 1689.

bispo no Marrocos, então sob domínio muçulmano, Lope foi nomeado legado pelo Papa Alexandre IV (1254-1261), sendo encarregado de delimitar dioceses em terras recém-conquistadas pelos cristãos, notadamente a sede de Cartagena. Neste ínterim, Lope peregrinou à Terra Santa.

Ao fim de sua vida, retornou ao convento franciscano em Saragoça, onde veio a falecer. Em 1286, seu corpo foi transladado do convento ao altar da Igreja de São Francisco, mediante procissão. O Papa Inocêncio (1352-1362) reconheceu seu culto, renomeando-lhe "Beato Agno" por sua bondade.

Festejada em 14 de março, a memória de Agno seria perpetuada por uma hagiografia intitulada *Vida e historia del Beato Agno, obispo de Marruecos* (1697), escrita pelo franciscano José Antonio de Hebrera y Esmir. Contudo, em 1809, os restos e o convento franciscano foram destruídos, como consequência da tomada de Saragoça pelas tropas francesas, por ocasião das Guerras Napoleônicas.

Berengário de Peralta (1200-1256)

Nascido na Catalunha – em Monzón ou Lérida – e de provável origem nobre, Berengário ingressou ainda jovem no canonicato de Lérida. Posteriormente, ingressou na ordem dominicana, na qual deve ter permanecido até cerca de 1256, quando foi eleito ao bispado local, em substituição a Guillem de Barberà (1248-1255). Mais tarde, no mesmo ano, Berengário viria a falecer.

Embora tenhamos poucas informações sobre sua trajetória eclesiástica, sabemos que seu culto alcançou imediato impacto após sua morte, decorrente da grande fama de santidade que lhe foi atribuída. Ainda que não se tenha registro de qualquer hagiografia que lhe tenha sido dedicada, Berengário foi o único bispo de Lérida conhecido a ser cultuado na catedral da cidade. Por volta de 1370, Juan de Peralta, cônego e provável aparentado do bispo, recebera autorização e escrevera em sua lápide o título de *santo*.

Festejado em 2 de outubro, seu culto parece ter prosperado em âmbito regional até inícios do século XVIII. Em 1707, por ocasião da Guerra de Secessão Espanhola (1700-1713), ao conquistar a cidade, o rei espanhol Felipe V (1700-1746) ordenou a transformação da Catedral de Lérida em um armazém e suprimiu o culto público a Berengário. Tal atitude pode ser explicada pelo rei ter associado tal santo à aristocracia catalã e local, seus adversários no confronto militar e dinástico. Com o progressivo desuso do sepulcro, o culto ao beato caiu no esquecimento.

Santidade monástica, mendicante e episcopado ibérico em perspectiva

Antes de apresentarmos a síntese da relação entre santidade e bispos, monges, mendicantes e regrantes no Medievo ibérico, ressaltamos o caráter seletivo de nossa escolha, atento a religiosos de diferentes séculos.

A princípio, pode-se observar uma ampliação das instâncias que conferem a *santidade* aos bispos ibéricos. Assim, se é razoável considerar que Martinho de Braga fosse de origem nobre tal como os demais e que a vinculação à corte franca possa ter contribuído, sua proeminência nos assuntos eclesiásticos do reino suevo parecia residir, antes do mais, em seu suposto contato com o monasticismo oriental. De fato, desde a Alta Idade Média a notoriedade pública dos clérigos oriundos do monacato evidenciava a preocupação eclesiástica em organizar a vida monástica, de modo a adequá-la e submetê-la ao episcopado e às decisões conciliares.

Aos poucos, outros meios e espaços de consagração pública despontaram, potencializando e, ao mesmo tempo, organizando a santidade ibérica. Deste modo, desde Rosendo de Celanova se observa um incipiente processo de disseminação do monasticismo beneditino pelo norte peninsular, suplantando gradualmente a tradição monástica "visigótica" em favor do modelo cisterciense, seguido por Ato de Oda e Bernardo Calvo. Nos séculos seguintes, a santidade seria atribuída ainda aos bispos ligados aos cônegos, como Olegário de Tarragona, e aos mendicantes, casos do dominicano Berengário de Peralta e do franciscano Agno de Saragoça – ambos, por sua vez, membros do canonicato regular previamente ao ingresso nos conventos.

Vale lembrar que a trajetória de tais bispos-santos não era unívoca. Embora a maioria dos casos examinados tenha seguido o percurso do mosteiro à catedral episcopal, Ato de Oda, Bernardo Calvo e Agno atestam outras possibilidades: assim, se Ato e Agno abdicaram do bispado para retornar aos respectivos mosteiros e conventos de origem, Bernardo passou pela carreira universitária do Direito e pelo cargo de juiz, importantes em seu papel na organização do *Fuero de Valência*.

Cabe dizer ainda que, da Idade Média Central (séculos XI-XIII) em diante, alguns destes santos ibéricos conseguiram ultrapassar a eleição episcopal como o culminar de suas carreiras, alcançando títulos como os de arcebispo para Olegário, legado papal nos casos de Olegário e Agno e de inquisidor no de Bernardo.

Tal fato se deve à crescente associação entre o episcopado ibérico e a sede romana, seja pelo fortalecimento do papado resultante da "Reforma Gregoriana" ou pela proximidade entre a Península Itálica e o *front* militar ibérico. Neste sentido, vale destacar a atuação episcopal de Agno tanto nas áreas de conflito ao sul peninsular quanto, e sobretudo, no Marrocos, para além dos domínios cristãos.

Com as possíveis exceções de Ato e Berengário, os demais bispos aqui elencados mantiveram estreitas relações com mosteiros e conventos, sobretudo na condição de fundadores ou organizadores de tais centros. Além disso, tomaram parte em concílios de alcance e relevância variados. Deste modo, a notoriedade alcançada por seus cultos santorais deve ser associada à bem-sucedida relação tanto junto aos mosteiros e conventos quanto aos clérigos seculares: se para os regrados a atuação patronal – fundadora e protetora – se destacaria, aos eclesiásticos seculares valia ressaltar a participação dos santos em reuniões deliberativas de caráter público.

É sabido que, durante o Medievo, os concílios eram tomados como importante fonte de consulta e referência decisória, de assuntos dogmáticos, disciplinares ou litúrgicos. Assim, em um processo sujeito às reviravoltas que marcaram o percurso histórico da Igreja, surgiram coleções canônicas que paulatinamente reforçavam a importância de determinadas assembleias – e, inversamente, descartavam certos concílios como "malditos", condenando muitas de suas deliberações ao esquecimento.

Desse modo, garantida pela presença entre os signatários das atas conciliares, a adesão às assembleias que fossem tomadas pela tradição como corretas era um dos meios que garantia a perpetuação da memória e do culto santoral de muitos bispos e monges. À exceção de Ato, Rosendo e Agno, os demais eclesiásticos estudados tomaram parte em relevantes concílios de seus séculos. Além da constante atenção às diversas modalidades regrantes em profusão, a participação nos concílios reforçava, do século XI em diante, a filiação aos interesses monárquicos e papais.

Igualmente se pode considerar que o crescente engajamento com as autoridades políticas – melhor observado desde o século X, com Rosendo – possa ter ampliado a notoriedade dos bispos aqui elencados e, com isso, também ter contribuído para sua fama. Neste sentido, vale frisar que, no contexto da "Reconquista", os bispos assumiram importância nas cortes monárquicas. Como Olegário, intensificaram sua atuação diplomática – junto aos muçulmanos ou aos reinos cristãos peninsulares e ocidentais – e chegaram mesmo a participar de campanhas militares, como Bernardo Calvo.

Quanto à santificação dos bispos, observa-se que, embora as relíquias e as hagiografias de Isidoro tenham circulado na Idade Média Central no contexto político da "Reconquista", as etapas de seu processo de santificação – e do de Martinho – na Alta Idade Média são pouco conhecidas, o que nos leva a conjecturar que tivessem correlações com as fundações monásticas promovidas por ambos, bem como por suas importantes vinculações às cortes germânicas e, no caso de Martinho, também ao bispado romano.

Ato e Rosendo, por outro lado, parecem ter tido suas santificações mediadas pela influência beneditino-cisterciense, especialmente marcante no norte peninsular a partir do século XI. Os cultos a Berengário e Agno, por sua vez, podem ter sido beneficiados por suas filiações ao canonicato local e às respectivas ordens mendicantes.

Os casos de Olegário e Bernardo já contavam com a intercessão papal: sabidamente, o papado tomara como um dos principais aspectos da chamada "Reforma Gregoriana" precisamente o controle de tais processos de canonização.

Neste sentido, com tais processos, desde a Idade Média Central a Igreja Romana passara a contar com um importante instrumento de poder, cuja trajetória não necessariamente coincidia com os meios tradicionais de verificação da santidade – a saber, os relatos hagiográficos, o alçamento ao altar e a reverência às relíquias. O maior distanciamento cronológico entre o período de vida dos personagens e a aceitação de seus processos de canonização pode, deste modo, indicar que a aceitação destes cultos pelo papado estaria muito mais envolvida com questões políticas e eclesiásticas contemporâneas à época da santificação.

Além de Olegário e Bernardo, a canonização de Isidoro e sua titulação como Doutor da Igreja – ocorridas respectivamente em fins do século XVI e no início do XVIII – podem, dentre outras razões, relacionar-se à defesa da sé romana frente aos ataques de protestantes e iluministas.

A destacar ainda o fato de que, tal como as trajetórias eclesiásticas aqui estudadas, o culto santoral não estava necessariamente destinado à inequívoca preservação. Assim, se o culto a Agno sofreu um revés com a destruição do convento franciscano e de suas relíquias, a devoção a Berengário ficou em pior situação. Ao contrário dos demais, o culto a Berengário caiu no esquecimento, fosse por sua filiação catalã e, em específico, à cidade de Lérida, em um contexto político e militar de afirmação regional do reinado de Felipe V no poder, ou mesmo pelo fato de a catedral que abrigava suas relíquias ter adquirido outra função.

Considerações finais

O tema da santidade medieval vem recebendo crescente atenção historiográfica, combinada ao salto qualitativo no trato com a documentação do período medieval, assim como no uso de referenciais conceituais das ciências sociais. Neste sentido, as pesquisas de autores como Peter Brown têm mostrado como a ação dos homens santos cultuados no período medieval esteve imersa nas relações de poder constituídas pelos eclesiásticos, e mesmo entre clérigos e outros grupos políticos, como a nobreza e a monarquia.

Priorizando o estudo de protagonistas consagrados pela tradição medieval ibérica, por meio de oito casos escolhidos dentre os séculos VI e XIII, observamos que a trajetória dos bispos peninsulares possui diversos elementos de continuidade e, ao mesmo tempo, de rupturas. Assim, se a origem nobiliárquica, a estadia em mosteiros e conventos – exceção feita a Olegário, cônego agostiniano de origem –, o amparo das monarquias e mesmo a participação em concílios podem ser tomados como elementos comuns, atentamos para outros aspectos que passaram a dinamizar a relação entre santidade e episcopado na península, como a ampliação do monasticismo beneditino, a crescente influência das ordens mendicantes, o contexto político-militar da "Reconquista" e a introdução dos processos de canonização.

Desse modo, o estudo de alguns dos bispos ibéricos nos permite concluir que a santidade é histórica e, por isso, embora admita elementos comuns, deve ser associada a diferentes contextos políticos e religiosos.

4

As ordens mendicantes e a santidade na Idade Média

Carolina Coelho Fortes

Pedro, nascido em Verona, de família cátara, já tendo ingressado na Ordem dos Frades Pregadores, por volta de 1230 começa a causar comoção na região norte da Itália por conta dos seus sermões acalorados contra os hereges. O frade se deslocava, então, de cidade em cidade, pregando contra aquilo que acreditava serem erros de fé. Vociferava, sobretudo, contra a crença de seus pais, o catarismo, que se espalhava por várias regiões da Cristandade. De acordo com os relatos presentes em seu processo de canonização, indo ele de Como a Milão, no dia 6 de abril de 1252, foi atacado por dois homens. Um deles desferiu-lhe um golpe de machado contra a cabeça, que o levou à morte, não sem que antes escrevesse *Credo* no chão com seu próprio sangue.

Apenas transcorridos dois anos deste evento, o frade seguidor de Domingos seria alvo de um processo de canonização bem-sucedido. Ou seja, em meio a dezenas de postulantes a santos, em um momento em que a Cristandade os criava dentro de normas cada vez mais rígidas instituídas pelo papado, Pedro alcançava a santidade indubitável, sendo classificado como mártir. Para entendermos como se fazia, na Idade Média, um santo mendicante, dedicaremos este capítulo a analisar as relações entre santidade e as ordens que surgiram no alvorecer do século XIII, dedicadas a uma vida de pobreza e humildade. Com esse intuito, trataremos de caracterizar a santidade medieval, debruçar-nos-emos sobre o surgimento e a formação das principais ordens mendicantes, para então traçarmos considerações sobre a santidade mendicante em geral e a canonização de seus maiores expoentes: Francisco de Assis e Domingos de Gusmão.

A santidade no Medievo

Inicialmente, um santo pode ser reconhecido tanto por sua vida como por sua morte. Sua vida é invariavelmente marcada de virtudes, e fica claro que a semente do cristianismo sempre esteve em seu peito. Ninguém se torna santo; as hagiografias mostram que eles já nascem predestinados, pois são os preferidos das graças de Deus. Mas, por isso, pagam com copiosos sofrimentos de todos os tipos, corporais ou não. E sentem-se recompensados por esses sofrimentos. Os santos são apresentados como heróis dotados, desde seu nascimento, de todas as perfeições e permanentemente habitados pela graça divina; os anos que viveram entre os homens servem para que sejam reconhecidos como santos através das manifestações da sua virtude e dos seus poderes milagrosos. "Os santos constituíam para os fiéis o sagrado enquanto acessível"[1].

É possível atribuir múltiplas dimensões à santidade no Ocidente medieval, considerando-a como fenômeno espiritual, teológico, religioso, social, institucional e político. A opção religiosa do santo deve ser clara, portanto visível

---

1. VAUCHEZ, A. O santo. In: LE GOFF, J. (dir.). *O homem medieval*. Lisboa: Presença, 1989, p. 211-230.

e reconhecível por sua comunidade. Por isso é tamanha a importância do corpo para o santo. Nele fica aparente fisicamente a escolha pelo caminho da santidade. Por vezes, essa escolha se mostra de forma radical no corpo do santo manifestando-se por meio de sinais que provam a identificação com Cristo, como é o caso dos estigmas e da materialização dos símbolos da cruz. E é tão extraordinária a vitória dos santos sobre o seu próprio corpo que a ele é dado algum poder sobrenatural, que tanto pode ter efeitos materiais, como, por exemplo, as curas, quanto espirituais, como os sonhos e as visões.

O santo medieval é aquele que se separa radicalmente da condição humana, relacionando-se com o divino de modo a suscitar efeitos purificadores. Caracteriza-se por ser, ao mesmo tempo, completamente diferente e próximo do homem. Por conseguinte, de acordo com a época, destaca-se mais ou menos uma ou outra dessas características.

A santidade foi entendida ao longo da Idade Média como o poder de agir em benefício das pessoas e das comunidades humanas. A força sobrenatural do santo advém de uma série de rupturas e conflitos internos. A rejeição, pelo servo de Deus, de valores socialmente aceitos se demonstra por certas práticas tais como jejuns frequentes, nudez ou uso de vestimentas esfarrapadas e imundas, falta de asseio e de abrigo. Assim, o santo, de uma forma geral, supera todos os limites que distinguem os seres humanos comuns em relação à nutrição, ao repouso e ao conforto. Além disso, ele se distancia do mundo negando-se a ter qualquer raiz ou elo com este. Recusando-se a manter relações sexuais, desliga-se dos vínculos familiares, e, vivendo na miséria, abre mão de qualquer propriedade. É, desta forma, um homem completamente livre. Afastando-se do mundo, pode dedicar todo seu tempo a Deus, tornando-se seu íntimo. E esta intimidade caracteriza seu primeiro milagre: enquanto os homens são apenas parcialmente religiosos, o santo o é totalmente.

Embora o extraordinário e o maravilhoso estejam intimamente relacionados com a santidade, esta não se confunde com esses elementos. O santo é, antes de tudo, aquele que põe o seu poder, adquirido através do domínio que ele exerce sobre sua própria natureza e aquela ao seu entorno, a serviço dos homens. Como já afirmara Delooz, "só se é santo em função dos outros e pelos outros"[2]. A santidade, além de ser expressão de uma experiência íntima, está relacionada também com a ideia que se faz desta e com a função à qual ela é relegada em cada sociedade. Desde os primeiros santos, aqueles que gozavam de maior fervor dos fiéis eram sempre os preocupados em dar aos mais fracos as graças que adquiriram com a ascese e a oração. De fato, o homem de Deus é, de maneira fundamental, um mediador. Proveniente, na maioria das vezes, dos grupos sociais dominantes, o santo coloca à disposição do fiel seus conhecimentos e relações e, amiúde, seus bens materiais. Mas seu papel não é o de mero intermediário entre dominantes e dominados, e sim o de verdadeiro integrador. Paradoxalmente o santo é venerado e respeitado por conta de seu afastamento da comunidade, já que, justamente por ser um observador ausente, é o mais apto a interferir com liberdade nos assuntos que lhes são confiados.

---

2. DELOOZ, P. *Sociologie et canonisations.* Liège/Dans Haag: [s.e.], 1969.

O santo é chamado quando a pessoa ou a comunidade se encontra em situação de desequilíbrio, estando, por isso, na linha de frente para combater as forças consideradas maléficas, traço característico da cultura medieval, fortemente calcada no dualismo. O fato de transferir a responsabilidade para ele é, em si, um ato libertador para quem pede. O mundo e o terreno estão relacionados com o mau, sendo o divino, portanto, identificado com o bem. O problema, então, está em convencer as forças do bem a intervir nos acontecimentos. Recorrer ao homem santo é pressionar Deus a restabelecer a ordem do mundo, perturbada pelo pecado.

Contudo, colocar em prática este poder conquistado pela ascese e pela renúncia provoca dor àquele que intercede, seja essa dor física ou espiritual. No combate às forças do mal – personificadas por demônios, hereges, luxúria e pecados de toda feita – parece que o homem de Deus está em situação desigual. Porém, ele conta com duas armas sobremaneira eficazes: seu poder taumatúrgico e seu poder profético. Tais armas fazem com que os fiéis o prestigiem e o reconheçam como autoridade. É possível que a forma de intervir nos acontecimentos não transmita qualquer mensagem explícita, pois "a eficácia da sua ação basta para manifestar a vitória de Deus sobre o mal"[3]. Isso porque do santo esperam-se, sobretudo, milagres. A comunidade perturbada pelo pecado acaba reestruturando-se através de ritos como as peregrinações, sendo restabelecidos, desta forma, a unidade e o equilíbrio, e os antagonismos esquecidos. A intervenção do santo é motivo de festa; parece possível o início de uma nova vida

---

3. VAUCHEZ, A. Op. cit., p. 292.

para os agraciados pelo milagre, desde que estes permaneçam fiéis a seu intercessor junto a Deus.

Há que se considerar que, assim caracterizado, o homem de Deus encontra-se em posição difícil: ele reconhece que é dotado de poder, mas esforça-se por usá-lo somente em benefício de merecedores, fazendo-o sempre justamente, ou seja, após uma prova da fé do devoto e reiterando o mérito divino.

Se, em vida, o santo pode defender-se das acusações de mago, ou da sua divinização por parte dos fiéis, depois da morte, perde, evidentemente, qualquer controle sobre os sentimentos suscitados por ele nos fiéis. De fato, a santidade não é um título reconhecido apenas aos vivos, mas define-se por uma dada quantidade de sinais reconhecidos por todos.

O código sensorial que define a santidade difundiu-se graças às hagiografias, apresentando uma marcante homogeneidade. A incorruptibilidade, a emanação de perfumes do corpo ou o aparecimento de óleo, de sangue ou de luz são manifestações que servem para atestar que o poder sobrenatural do santo aumenta depois de sua morte. E é tão marcada essa convicção nas formas de pensar dos fiéis que, por vezes, partia-se justamente dos sinais para construir-se o personagem de um servo de Deus do qual pouco ou nada se sabia.

A santidade deve ser entendida, sobretudo, como uma construção social, um ideal que se desenvolveu historicamente: tipos diferentes de pessoas eram percebidos como santos pelas comunidades cristãs durante períodos distintos. Os primeiros cristãos a serem reconhecidos como santos foram os mártires, aqueles que tinham morrido para dar seu "testemunho" em nome de Cristo e que tinham, assim, ganhado entrada imediata no paraíso.

Um bom número de descrições contemporâneas das mortes de vários mártires chegou até nossos dias. Essas *paixões*, como são frequentemente chamadas, constituem as mais antigas obras hagiográficas, sendo a primeira de que se tem conhecimento o Martírio de Policarpo, de 167. Muitas *paixões* foram, entretanto, escritas em datas bem posteriores e tratavam até mesmo de mártires cuja própria existência é apócrifa.

O fim da perseguição aos cristãos, marcado pelo Decreto de Milão em 313, não só permitiu o crescimento do reconhecimento público dos mártires, como também levou ao reconhecimento de novos tipos de santos. A primeira categoria importante foi a dos bispos, como Martinho de Tours (397) e Agostinho de Hipona (430). Outro novo caminho para a santidade foi o ascetismo, a prática religiosa da autorrecusa e da mortificação do corpo – através de uma rígida disciplina que incluía a castidade e o jejum – que levava a um tipo de martírio simbólico. Muitos dos santos do século IV e início do V eram chamados de "atletas de Cristo", viviam sozinhos ou em comunidades nas regiões desertas do Império Romano.

Entre seus extremos geográficos e culturais, a Alta Idade Média testemunhou o desenvolvimento dos reinos romano--germânicos como sucessores do Império Romano do Ocidente latino. Por mais de um século depois da desestruturação de Roma, a santidade nessas regiões era domínio quase exclusivamente de clérigos homens, e estes, em sua maioria, eram representantes dos quadros, cada vez menores, da antiga elite romana. Os cultos e legendas dos antigos mártires resistiram, mas os novos santos eram quase todos bispos. Por volta do fim do século VI, entretanto, membros conversos dos povos germanos começaram a ocupar lugares no clero e nos mosteiros. Entre os nobres que se tornaram bispos e abades estavam alguns, particularmente entre os francos, que adotaram uma vida de extremo ascetismo. Eles integravam o novo tipo de santidade unindo sangue nobre e ascetismo, que era peculiar às novas elites governantes dos reinos romano-germânicos.

No fim do século XI e no século XII, o reaparecimento do monasticismo eremítico, o desenvolvimento da *vita apostolica* e a reforma das instituições eclesiásticas fizeram com que a Igreja Ocidental expandisse sua perspectiva para ver figuras contemporâneas como santos. Cultos honrando pessoas tão diferentes como Tomás Becket (m. 1170) e Francisco de Assis (m. 1226) se espalharam pela Europa Ocidental poucos anos após suas mortes. O período testemunhou a composição de muitas vidas de homens santos contemporâneos (e de algumas mulheres)[4]. Muitos fundadores de novas ordens monásticas, tal como Robert de Arbrissel (m. 1116) e Gilbert de Sempringham (m. 1189), foram reconhecidos como santos.

Com as bases dispostas para o desenvolvimento de um novo tipo de piedade, o século XIII vê estabelecer-se um grande movimento de canonização. A variedade de opções abertas aos clérigos e fiéis interessados na vida religiosa havia aumentado sensivelmente. *Beguinages* e outras comunidades urbanas informais, e mais tarde grupos afiliados às ordens mendicantes, ofereciam aos cristãos uma vida de espiritualidade ascética fora dos limites do mosteiro rural tradicional.

---

4. Apenas 18, das 153 pessoas reconhecidas como santos durante o século XII, eram mulheres. BELL, R. & WEINSTEIN, D. *Saints and Society* – The Two Worlds of Western Christendom, 1000-1700. Chicago: University of Chicago Press, 1982, p. 220-238.

A antiga tradição da santidade real não ficou esquecida, mas foi traduzida para os recentemente cristianizados reinos da Europa Central, cujas famílias governantes produziam santas como Isabel da Hungria e Margarida da Hungria. Esta tradição também passou por mudança, pois estes homens e mulheres de Deus expressavam seu ascetismo em associação com os mendicantes mais do que em conventos tradicionais.

Foi durante o século XIII que o papado tomou controle sobre o reconhecimento oficial da santidade, a canonização. Mesmo assim, a maioria dos santos no final da Idade Média não havia recebido uma bula papal de canonização, mas apenas o reconhecimento de seu culto ou alguma forma de autorização local. Dos 72 processos de canonização julgados pelo papado entre 1198 e 1418, somente 35 foram bem-sucedidos, ou seja, redundaram em reconhecimento canônico da santidade.

As vidas de santos do século XIII mostravam uma aproximação geralmente nova da vida religiosa. Elas exibiam preocupações com a pobreza voluntária, a caridade urbana e o ensino público, aspectos esses proeminentes nos movimentos mendicantes. Assim, ainda que não exclusivamente, a santidade do século XIII esteve fortemente vinculada ao surgimento das ordens mendicantes: os canonizados expressavam seus ideais religiosos e garantiam legitimidade e poder às suas instituições religiosas pela comprovação da escolha divina de seus membros.

Ao mesmo tempo em que esse novo modelo se estabelecia, outra tradição de santidade também se desenvolveu no Ocidente durante a Idade Média Central e a Baixa Idade Média: a veneração aos antigos mártires e aos santos penitentes.

Vindas do Oriente cristão, estas vidas começaram a aparecer na hagiografia latina no século IX, iniciando um processo de crescimento que continuaria até o fim da Idade Média. Simultaneamente, aumentaram os cultos baseados nas relíquias de santos antigos, como Maria Madalena e Vicente. No século XIII, as legendas destes antigos cristãos estavam largamente disseminadas e incorporadas nas coleções hagiográficas voltadas para os pregadores. A mais importante destas foi, sem dúvida, a *Legenda Aurea*.

Paradoxalmente, santos contemporâneos como Tomás Becket, Francisco e Domingos eram relativamente comuns nessas obras. Algumas exceções existiram, entretanto. Notavelmente o poema de Rutebeuf sobre a princesa, recentemente falecida, Isabel da Hungria, dedicado à Rainha Isabel de Navarra. Devemos ressaltar, ainda, que as coleções de milagres associados a uma santa muito especial – a Virgem Maria – tornaram-se exemplo nas literaturas latina e vernácula ao longo dos séculos XII e XIII. Evidências desse aumento do culto a Maria estão em obras como os *Milagros de Nuestra Señora*, de Gonzalo de Berceo, e as *Cantigas de Santa Maria*, de Afonso X.

Com o desenvolvimento do processo de canonização na esfera papal, o culto aos santos no Ocidente começa, gradualmente, a se universalizar. Santos cultuados apenas em suas localidades de origem passam a ser reconhecidos em regiões cada vez mais numerosas.

Outro fenômeno que parece estar vinculado ao surgimento do processo de canonização é o que já foi chamado de "humanização" ou "popularização" da santidade, que também anda de mãos dadas com a humanização da figura de Cristo, indícios da prosperidade do Ocidente medieval naquele momento. Há, portanto, em especial a partir do século XIII, um aumento na canonização de leigos. A tendência de apresentar estes santos como seres cuja vida é repleta de maravilhas (*mirabilia*) recrudesce nos séculos XIV e XV, quando novos aspectos da santidade se apresentam, tais como visões, profecias e revelações. Testemunha-se, nos séculos finais da Idade Média, portanto, uma santidade marcada pelo misticismo. O processo de popularização da santidade teria chegado ao seu fim apresentando os servos de Deus como seres excepcionais, que gozavam de méritos ou poderes anormais. Suas personagens, no entanto, cada vez mais largamente conhecidas e familiares, passam a inspirar mais uma devoção afetuosa do que reverencial.

Surgimento e formação das ordens mendicantes

O desenvolvimento tanto do processo de canonização quanto de popularização da santidade se dão articulados intimamente com o fortalecimento do poder papal e o surgimento das ordens mendicantes. Tem-se, assim, um fenômeno religioso-eclesiástico complexo que só pode ser entendido à luz das mudanças generalizadas pelas quais o Ocidente passou, pelo menos, desde o século XI. Sendo o objetivo deste capítulo refletir acerca da santidade mendicante, concentrar-nos-emos no que desperta aqui nosso interesse central: a invenção de uma nova forma de vida religiosa.

Há que se admitir que muito do que passaria a caracterizar as ordens mendicantes já estava presente em experiências religiosas anteriores, como a vida no mundo guiada por regras dos cônegos regulares ou a insistência na pobreza voluntária dos grupos considerados heréticos. A novidade dos Menores e Pregadores encontra-se na confluência e ordenação desses novos ideais e práticas que buscavam uma integração, radical até, da vida ativa e da vida contemplativa. Outro aspecto inovador dessas ordens será sua submissão, em diferentes níveis de acordo com o período e com a Ordem, aos ditames papais. É ponto pacífico para a historiografia especializada o papel que terão os mendicantes no projeto de centralização do poder nas mãos do sucessor de Pedro.

Isto posto, passamos a destacar aspectos do contexto de aparecimento dessas ordens. A partir do século XI, a Europa Ocidental experimenta um processo de crescimento inaudito. Crescimento esse para o qual as explicações são variadas e nem sempre concordes. Para os objetivos aqui estabelecidos, no entanto, basta afirmar que esse crescimento foi generalizado, afetando a produção agrária e artesanal, os índices demográficos rurais e, sobretudo, urbanos. Além disso, nota-se uma ordenação – ou reordenação – da sociedade em seus mais variados aspectos: político, intelectual, religioso e propriamente social. O enriquecimento de uma parcela da população e sua maior mobilidade geográfica, em especial o êxodo urbano, evidenciam as desigualdades sociais. Nas cidades, que crescem por toda a parte, entre os séculos XI e XIII, o fosso profundo entre o despossuído e o nobre ou grande comerciante se torna claro e conflitante com uma perspectiva cristã de igualdade. Assim, é possível entendermos o surgimento das ordens mendicantes[5], que recebem esse nome porque abrem mão de qualquer propriedade, como uma forma de buscar equilíbrio, harmonia,

---

5. O termo "mendicantes" para se referir às ordens que viviam de esmolas se difunde apenas a partir do século XIV.

em um contexto de atrito e diferenciação entre os diversos grupos sociais.

A fundação da Ordem dos Frades Menores e da Ordem dos Frades Pregadores no início do século XIII foi resultado de um sentimento religioso desejoso da *vita apostolica*, da imitação do que se considerava então como tendo sido a vida dos apóstolos[6]. Em 1209, Inocêncio III teria aprovado a chamada "forma evangélica de vida", ou Regra Primeira de Francisco de Assis, mas desse texto não se conserva mais do que a notícia de que seria uma compilação de sentenças evangélicas. Se aceitarmos essas informações, é lícito imaginarmos que estamos diante de uma forma de vida religiosa nova e dificilmente realizável em larga escala. É consenso, no entanto, que foi justamente a aprovação papal a possibilitadora da diferenciação entre os humildes menores, e os grupos de leigos errantes comuns então. Para marcar ainda mais essa diferença foi necessário impor a tonsura aos frades, especialmente porque estes receberam licença para pregar.

Por outro lado, a necessidade da diferenciação entre leigos e seguidores de Francisco se fazia por conta do caráter controverso do "Pobrezinho de Assis". Suas posturas eram um desafio, talvez não aberto nem direto, à forma como a Igreja havia funcionado até aquele momento. Ao se casar com a "Senhora Pobreza", Francisco insistia em que era preciso "seguir nu o Cristo nu", ou seja, praticar o abandono literal dos bens terrenos. A mendicância, portanto, era a base da *religio* minorita, servindo como um exercício de ascese e

---

6. Franciscanos e dominicanos não foram os únicos mendicantes. Ainda ao longo do século XIII seriam fundadas as ordens dos carmelitas, trinitários, mercedários e agostinianos.

humildade. Era uma resposta à economia de lucro que florescia no norte da Itália desde fins do século XII.

Até 1219, os franciscanos já eram cerca de cinco mil divididos em onze províncias. Contribuiu para essa rápida expansão o envio para todos os cantos da Europa (e além!) dos frades, inclusive dos recém-ingressados na Ordem. Nesses primeiros anos, a recusa a qualquer tipo de propriedade era veemente, vivendo os frades de seu próprio trabalho e de esmolas. Mas logo a Ordem testemunhará dissensões internas a respeito da relação com a propriedade. Já em 1223, com a aprovação da Regra Segunda pela assembleia anual dos frades, chamada de Capítulo Geral, percebe-se um maior grau de institucionalização, ainda que a observância literal do Evangelho seja um de seus pontos-chave. Isso se deveu não só a uma pressão hierárquica que pretendia amoldar a Ordem de acordo com as demais, mas igualmente por já despontarem vozes dissonantes. Alguns frades, como aqueles que eram advindos dos quadros universitários, demonstravam desconforto com uma vida que viam como excessivamente simples. Simplicidade essa, afirmavam, impossível de ser mantida com o crescimento da Ordem.

Uma nova regra, que se chamará bulada, foi rapidamente aprovada por Honório III. Apesar de entender-se que esta regra apresentava uma amenização da vida apostólica radical adotada de início, a exigência da pobreza coletiva acabou por criar uma tensão constante na hierarquia franciscana. Tal situação acabaria por levar alguns de seus membros a se separarem da Ordem, criando grupos considerados como heréticos.

O testamento de Francisco, morto em 1226, aprofundaria essa dissensão, uma vez que estabelecia o repúdio a qualquer propriedade. O papado reagirá a esse recrudescimento do que entendia como extremismo evangélico. Entre 1239 e 1245, Gregório IX e Inocêncio IV ordenam que apenas fossem aceitos como noviços homens já ordenados, instruídos em lógica e gramática. Aos leigos só era permitido o ingresso na Ordem se estes se provassem extraordinariamente virtuosos. Já foi apontado que esta clericalização é mais ampla do que a que ocorre em qualquer outra ordem do período. É de se notar, no entanto, que não havia naquele momento nenhuma outra ordem tão aberta aos leigos, sendo leigo seu próprio fundador. Sobre a pobreza radical, a Santa Sé exercerá sua ingerência determinando que ela mesma será proprietária dos bens da Ordem, tendo esta apenas o direito de usufruto daqueles. A administração, por sua vez, será legada aos leigos. Essas decisões criarão uma série de problemas práticos, passando rapidamente tanto a administração quanto as propriedades aos próprios frades.

Boaventura de Bagnoregio, ministro geral da Ordem entre 1257 e 1274, destacou-se na luta para manter os privilégios pontifícios que garantiam seu apostolado contra um clero secular cada vez mais ressentido com a expansão e popularidade dos mendicantes. Tendo a Ordem que enfrentar resistências externas e internas, Boaventura redige uma hagiografia de Francisco, a *Legenda maior*, aprovada pelo Capítulo de 1266, e que substitui as anteriores. Com ela fica patente que a Ordem precisava se pacificar internamente para resistir aos ataques externos. Mais tarde, o Concílio de Viena (1311-1312) teria que continuar buscando soluções para os conflitos internos.

A obra do pobre de Assis estaria, assim, consolidada até o fim dos séculos medievais, ainda que se argumentasse que deturpada pela institucionalização.

O processo de institucionalização não seria tão problemático para os dominicanos. A Ordem dos Frades Pregadores, que recebera o aval do pontífice em 1216, desenvolveu-se a partir dos esforços de conversão dos hereges empreendidos por um grupo de clérigos que formariam o que ficou conhecido como "Cruzada Branca". Entre o final do século XII e o início do XIII, as comunidades cátaras, em especial no norte da Itália e no sul da França, mobilizaram não só investidas militares, mas igual e primariamente iniciativas evangelizadoras. Passando pelo *Midi* francês em direção a uma missão na Dinamarca, o cônego regular hispano Domingos de Gusmão dedicou-se à pregação nos moldes em que se testemunhava entre os eruditos perfeitos[7].

Gregório IX, em 1232, regula a vida conventual dos pregadores, que se destacava pelo tempo e importância dedicados aos estudos. Seus capítulos gerais se reuniam anualmente até 1370, quando se tornam trienais. De início, a mendicância, decorrente da pobreza absoluta, impôs-se, uma vez que o trabalho manual era subordinado só ao intelectual. Não demoraria muito para que o rigor da mendicidade fosse abandonado. Em 1221, quando da morte de Domingos, os conventos eram 70 distribuídos em 8 províncias. Até 1228 outras províncias foram criadas, mostrando a ambição missionária dos pregadores: Terra Santa, Grécia, Polônia e Dácia.

O fator predominante da vida dominicana era a atividade apostólica dos pregadores e a doutrinária dos professores

---

7. Perfeitos eram chamados os membros do clero cátaro.

de Teologia. Ambas eram interdependentes, pois a pregação precisava ser informada pelos estudos, de acordo com a espiritualidade dominicana. Esse fim era cumprido através de intensa aplicação à educação, por uma vida de orações e ascetismo. O aprendizado da pregação era dado pela Ordem, sendo o processo iniciado com uma seleção: a escolha dos noviços. Tal escolha levava em consideração não só o intelecto, a espiritualidade, a moral e a retórica, mas também o bom comportamento social. Para ser um pregador completo, segundo as regras da Ordem, um homem deveria não só ser apto a pregar, mas ser maduro, discreto, bem posicionado mental, moral e socialmente. Ao longo do século XIII, sua instrução apurada parece ter surtido efeito, pois eram frequentemente requisitados pelos padres das paróquias locais e pelos bispos. O pregador deveria ser atencioso o suficiente para não causar nenhum atrito com o clero local. Treinados como eram para a pregação, não raro atraíam para si as congregações locais. Não deveriam pregar ao mesmo tempo em que os bispos e nem em momentos que pudessem interferir nas práticas locais.

Para que o ministério da Ordem fosse eficaz, Domingos procurou apoiar a pregação na cultura livresca. Davam prioridade ao trabalho intelectual relegando a vida conventual e a liturgia a segundo plano. Tal preocupação com a vida erudita renderia resultados, já que o Ocidente via o saber teórico ganhar mais importância e as universidades se estabelecerem como um terceiro poder, junto do sacerdócio e do império. Aspecto característico do movimento dominicano, a valorização do livro faz com que este objeto cultural seja entendido não mais como custoso privilégio de poucos, mas como instrumento de cultura aberta para si e para os outros. Domingos atende ao apelo de diversos concílios que visam atingir uma hierarquia muitas vezes desatenta: conhecer bem a própria doutrina. Acima de tudo e, mormente, o livro da Palavra, a Bíblia, assim como todos os outros livros que devem servir ao objetivo de melhor ilustrar a mensagem divina.

Sendo vetado aos dominicanos o estudo de obras pagãs, a formação daqueles jovens destinados a ser paladinos da ortodoxia e defensores da ordem social e da hierarquia, desenvolvia-se sobre bases tradicionais: a Bíblia e as grandes obras cristãs. São poucos os que deixam as escolas de seus conventos para aprenderem na universidade. Para a maior parte dos frades pregadores, superada a decisão do Capítulo de ingresso nos quadros da Ordem, inicia-se uma vida de pobreza e pregação. Os dominicanos comprometem-se com a obrigação de continuar seus estudos dia e noite, estando em viagem ou no convento, só podendo aceitar de graça os bens materiais constituídos dos valiosíssimos livros – considerados pelo fundador como a "arma" dos dominicanos. A cultura que floresce nesses centros de estudo conventuais – os *studia* – deveria responder aos desafios do mundo, fornecer propostas interpretativas contra as formas religiosas desviantes, organizar uma resposta à cultura laica, urbana e de corte, fascinada por heróis e heroínas de romances e canções de trovadores.

Evangelizadores, mestres, estudantes, conciliadores, diplomatas, titulares de dioceses, inquisidores ou mártires, ativos tanto nas cidades do Ocidente quanto em terras distantes, os dominicanos enfrentaram o mundo que se transformava. E é com esta linha de contato com a atualidade, de compreensão dos temas da vida e dos costumes que mudam, que devemos entender as trajetórias de Domingos, Francisco e seus seguidores.

A narrativa sobre a formação das principais ordens mendicantes não está completa sem que se mencione as ordens segunda e terceira. Francisco teve muitos seguidores ao longo dos séculos finais da Idade Média, o que aponta para a sintonia de sua mensagem com as necessidades espirituais e sociais de seus contemporâneos. Para aqueles que não pretendiam seguir os rigores da vida religiosa, o fundador escreveu uma carta em 1215 a todos os fiéis. Em 1221 estaria pronta a Regra da Ordem Terceira, uma tradução da espiritualidade franciscana para a vida secular, que seria base para os terciários das demais ordens mendicantes. Alguns terciários viviam em comunidade e este tipo de vida seria aprovado pelo Papa João XXII em 1324. Em 1447 Nicolau IV estabeleceria um ministro geral próprio para eles, que tinham seu governo independente, organizados na Terceira Ordem Regular.

Sobre o ramo feminino, é provável que o número de monjas associadas às ordens fosse superior ao de frades. As mulheres, representadas por Clara de Assis, muito prontamente serão aceitas como religiosas enclausuradas por Francisco. Entre os dominicanos, o crescente número de monjas provocará conflitos, que irão ser solucionados ainda no século XIII pelo papado.

A santidade mendicante

São fenômenos contemporâneos o desenvolvimento do processo de canonização e o surgimento das ordens mendicantes. Há relação entre eles? Ambos, em alguma medida, por exemplo, respondem às pretensões centralizadoras do papado. Mas atribuir à Sé Romana a responsabilidade pelo aparecimento e sucesso de franciscanos e dominicanos seria ignorar uma religiosidade, produto dos novos tempos, que dá impulso igualmente às devoções santorais de fiéis e clérigos. Além disso, é necessário se ter em mente que essas ordens, cada uma a sua maneira, passavam por um momento de estruturação, institucionalização, que não era consensual em seus meios. A figura de santos, de homens escolhidos por Deus para intercederem em nome da Ordem, confere a ela prestígio. O próprio fato de, entre o grupo dos irmãos, alguns serem separados, entendidos como excepcionais pela própria divindade, era um sinal claro da legitimidade do grupo como um todo. O santo mendicante serviu, assim, até o final da Idade Média, como um distintivo da certeza e correção da missão pretendida pelas ordens que os acolhem, promovem seu culto, enquanto lutam por um lugar ao sol.

Entre os pontificados de Inocêncio III (1198-1216) e Inocêncio VIII (1484-1492), foram canonizadas 56 pessoas pelo papado, dentre elas 49 clérigos. Desses, 25 são vinculados a alguma ordem mendicante, sendo 17 franciscanos e 5 dominicanos. Esses números podem nos levar a algumas conclusões iniciais. Sobretudo, a expressiva canonização de religiosos mendicantes, fossem esses fundadores de ordens, mártires, ou homens e principalmente mulheres que escolhiam adotar a vida de pobreza e ascese como leigos, aderindo às ordens terceiras. Sobre estes últimos, devemos atestar seu *status* híbrido, por serem leigos que se submetiam à vida religiosa sem necessariamente fazer os votos tradicionais. Isso, embora impossibilite sua classificação como clérigos, dá margem a que os insiramos na categoria de religiosos. Têm-se, no período analisado, seis santos vinculados às ordens terceiras mendicantes, cerca de 10% do universo de canonizações. Interpretamos essa cifra como uma expressão da necessidade de construir modelos para um novo tipo de experiência religiosa, que será largamente incentivada pelas novas ordens, bem como pelo papado.

Há também que se ler na preponderância de santos mendicantes tanto o interesse do papado em cooptar aqueles que passavam a ser os pensadores de ponta da Cristandade, por sua vinculação ao mundo escolar, quanto o resultado de anseios religiosos e sociais dos fiéis comuns, ouvidos pela cúria. A forma de vida e origem dos servos de Deus apresenta certa variedade. Foi feito santo alguém como Tomás de Aquino, de família nobre e Doutor da Igreja, mas também Rosa de Viterbo, de origem humilde e dada a experiências místicas. O virulento Pedro de Verona, cuja vida usamos como exemplo para iniciar este capítulo, é uma das canonizações mendicantes do período, ao lado do pacífico Francisco.

Uma análise pormenorizada e conjunta de todas essas canonizações mendicantes ainda está por ser feita, ou refeita[8]. A fim de entendermos as relações entre o então nascente processo de canonização – e o projeto de ordenação do papado e da Cristandade que o informam – e as ordens mendicantes, comecemos por apontar alguns aspectos da canonização de Francisco de Assis, fundador da Ordem dos Frades Menores. Em seguida, analisaremos as principais questões que cercam a canonização e culto de Domingos de Gusmão, fundador da Ordem dos Frades Pregadores.

---

8. A clássica e importante obra de Vauchez sobre a santidade nos séculos finais da Idade Média tem sido bastante criticada, além de não se deter especificamente na questão mendicante. VAUCHEZ, A. *La santitá nel Medioevo*. Bolonha: Molino, 1989.

Francisco de Assis

Quando da morte de Francisco, em 1226, ele já estava envolto em *fama sanctitatis*, ou seja, já era considerado santo pelos fiéis. Ele mesmo havia conseguido atrair um grande número de seguidores interessados em, como ele, serem "irmãos menores", humildes, de menor importância, pequenos. Menos de dez anos antes de sua morte, seus confrades reuniram-se em Assis: eram, segundo as fontes, em torno de 3.000 almas! Esses frades, tão numerosos, já haviam se espalhado das Ilhas Britânicas à Hungria, do Marrocos à Alemanha. Mas era em Assis que estava o grande convento de monjas sob o governo de Clara, amiga e companheira de Francisco e também incluída posteriormente na lista do santoral romano. E por toda parte, naquela segunda década do século XIII, encontravam-se leigos que permaneciam nas suas cidades e aldeias, mas buscavam a vida prescrita para eles por Francisco.

Um ano depois da morte de Francisco, o Cardeal Hugolino dei Conti di Segni foi eleito papa, adotando o nome de Gregório IX. Como Hugolino não só conhecera Francisco como servira de cardeal protetor da Ordem dos Menores, ainda muito cedo em seu pontificado ordenou que fosse escrita uma vida do fundador e lançou uma bula pedindo aos fiéis que contribuíssem para que fosse construída uma igreja em Assis que recebesse os restos do *poverello*. Ambas as iniciativas respondem claramente às necessidades primárias para a canonização: a redação de sua trajetória de vida, na qual estariam concretizadas suas virtudes e milagres, e a ritualização e sacralização de seu corpo que, como vimos, é um elemento central na construção da santidade.

Em julho de 1228, Gregório viaja até Assis, onde inscreve, convicto, Francisco na lista dos santos. O papa redige, então, a bula *Mira Circa Nos*, atestando ter sido convencido por testemunhas confiáveis sobre os seus "muitos e esplêndidos milagres". Ademais, afirmava também o pontífice tê-lo conhecido muito bem. Estava confiante de que os fiéis seriam auxiliados por suas orações e teriam um patrono no céu. Assim, Gregório evidencia os três pilares da santidade: a piedade excepcional do santo, seus milagres que comprovam a santidade e seu papel de intercessor.

Sairá da pena de Gregório uma carta direcionada a todos os bispos instando-os a fazer florescer e manter a veneração ao santo. Em 1229 será também ele a aprovar oficialmente a vida de São Francisco, escrita pelo Frei Tomás de Celano. Esta seria a primeira das *vitae* de Francisco escritas no século XIII, que tomou como modelo a vida de Martinho de Tours escrita por Sulpício Severo. Quando foi reescrita, Tomás de Celano usou como base os textos *ad usum chori* para que seus capítulos pudessem ser lidos nas horas litúrgicas e nas celebrações do santo. Tal adaptação, além dos vários fatores políticos que a motivam a redação de novas vidas, aponta para o papel de relevo que a veneração litúrgica do santo tomava para a Ordem, que ia além do dito "culto popular", manifestado em peregrinações e nos santuários.

Sabe-se que, ao longo da Idade Média, a literatura hagiográfica ocupou lugar de destaque na religiosidade de todos os grupos sociais. Era comum a "(re)escritura" de vidas de santos, visando dar acento a este ou aquele elemento característico do santo ou da sua comunidade, como maneira de legitimar interesses historicamente colocados. Esse fenômeno, no entanto, atingiu seu paroxismo com as vidas e escritos de Francisco. No século XIII, um número bastante grande de textos atribuídos ao santo e que dão conta de sua vida circulavam em variadas versões. As mais amplamente citadas, embora merecedoras de críticas ainda durante o período medieval, serão as três vidas da lavra de Tomás de Celano – *Vita prima Sancti Francisci*, de 1228; *Legenda ad usum chori*, de 1230, e a *Vita secunda Sancti Francisci*, de 1245 –, a anônima *Legenda trium sociorum*, de 1246, e a *Legenda maior Sancti Francisci*, escrita por Boaventura em 1263.

Por que tantas hagiografias em tão pouco tempo? A vida de Francisco teria sido assim tão polêmica? Certamente. No entanto, a resposta para essa multiplicidade de vidas está mais nos caminhos que a Ordem toma do que em seu fundador. Estas foram compostas para demonstrar aspectos particulares do que cada grupo dentro da Ordem considerava ser a mensagem de Francisco. Os debates sobre as intenções do fundador causaram profundas dissensões entre seus seguidores, a ponto da *Legenda maior* suprimir todas as *vitae* anteriores. A recuperação, a partir do século XIX, dos textos ditos "primitivos" e as discussões sobre suas inter-relações provocaram a chamada "Questão Franciscana", que se desenvolve até hoje.

Na canonização de Francisco pode-se detectar os aspectos mais característicos do processo de "invenção" da santidade pelo papado do século XIII em diante: a reunião de testemunhos e evidências dos poderes milagrosos do homem de Deus durante sua vida e após sua morte; seu enterro solene (que muitas vezes envolvia a transferência do corpo, ou *translatio*) e a construção de um santuário; o desenvolvimento de uma hagiografia; o estabelecimento de um ofício litúrgico, e de uma data para observância da festa do santo. O rigor que cada uma dessas etapas ganha a partir de então diz muito sobre o projeto político do papado, de ordenar uma Cristandade em que até os que parecem dissidentes, por sua insistência na pobreza, estão sob o controle do sucessor de Pedro.

Antes de passarmos à canonização de Domingos, gostaríamos de trazer à atenção do leitor algo que não passou despercebido aos historiadores nossos contemporâneos e mesmo aos contemporâneos de Francisco: sua canonização é vertiginosamente rápida. Em menos de dois anos da sua morte, Francisco é tornado santo pelo próprio papa. Sem dúvida, a fama do pobrezinho de Assis contribuiu para isso. Sendo visto como santo em vida, tornou-se ainda mais excepcional após a morte. Mas sua canonização apressada também indica a necessidade de submeter ao papado as experiências religiosas que tinham matizes discordantes, como ocorria com a proposta de pobreza radical dos Menores. Canonizar era, assim, controlar. Era chamar para si, tornar adaptável e maleável a memória do fundador e sua mensagem de acordo com os interesses centralizadores do sumo pontífice e sua corte. Canonizar era limitar aquela experiência religiosa nova, de maneira que, a um só tempo, o papado parecesse pobre e humilde como os irmãos, e fosse capaz de determinar os caminhos que deveriam seguir.

Domingos de Gusmão

Domingos não será canonizado tão rapidamente quanto seu companheiro de mendicância Francisco. Morto em 1221, só será reconhecido como santo em 1234. Mesmo que sua inscrição no catálogo de santos tenha demorado mais do que a de Francisco, ainda podemos afirmar que seu processo também foi relativamente célere, se comparado à maioria dos santos dos últimos três séculos do período medieval. Certamente, sua canonização mais demorada do que a do mendicante itálico indica muito mais a necessidade de se controlar os franciscanos do que um demérito em relação aos seguidores de Domingos. Estes não eram alvo de tanto controle, já que buscavam se amoldar à hierarquia eclesiástica, passando por dissensões internas bastante mais brandas se as comparamos com os conflitos *minoritas*.

Outro aspecto que merece ser levado em consideração quando refletimos sobre o tempo entre a morte e a canonização dos dois fundadores é o fato de que, entre os pregadores, a opção pela pobreza radical nunca se deu. Embora vivessem de esmolas, muito cedo os dominicanos assumem a propriedade de bens, geralmente legados por bispos ou deixados como herança. É de se questionar se a obrigação, estabelecida em suas primeiras formas de vida, de se possuir livros tenha contribuído para um relaxamento da pobreza apostólica. Não sendo radicais, portanto, nesse quesito, eram menos ameaçadores aos olhos da riquíssima Igreja Romana.

Como vimos, a partir do final do século XII o estabelecimento do processo de canonização começava a se definir, tornando-se, no século XIII, o instrumento por excelência de "seleção da santidade", expediente de controle da religiosidade laica por parte da cúria. Entre os documentos requeridos para compor o que passara a ser entendido como processo de canonização, foram conservados alguns registros importantes relativos à santificação de Domingos: o mandato de Gregório IX, pelo qual se designava o tribunal de comissários para o exame da vida e milagres de Domingos; as atas dos testemunhos de Bolonha; o mandato dos comissários de Bolonha nomeados delegados para o processo de Toulouse; as atas dos testemunhos de Toulouse, e a bula de canonização[9].

O ponto de início do processo de canonização de Domingos pode ser encontrado na trasladação dos restos do religioso hispânico ocorrido em Bolonha, em maio de 1233. Esse ritual resultou em um relato que a tradição manuscrita convencionou anexar ao *Libellus de Principiis Ordinis Praedicatorum*, primeira crônica sobre a Ordem, que dedica uma de suas partes ao fundador, por serem ambos de autoria de Jordão da Saxônia. O processo informativo deveria apresentar dois aspectos essenciais exigidos para a canonização: as virtudes cristãs de Domingos e os milagres realizados por sua intercessão. Para recolher indícios de ambos, o local escolhido foi Bolonha, onde Domingos havia tantas vezes pousado entre uma viagem e outra. Mas é em Bolonha igualmente que se desenvolve o saber jurídico – civil e canônico – de maneira mais frutífera no Ocidente. É em Bolonha, portanto, que se formará uma sólida frente de consolidação das bases jurídicas da Ordem. É nesta cidade que se estabelecerá a comissão pontifícia do processo. Já Toulouse, epicentro das contestações que se convencionou chamar de heresias, receberá um tribunal que exercia funções delegadas.

Ambas as atas têm em comum, ainda que em níveis diferentes, a existência de *capitula* ou *articuli interogatorii*, espécie de questionário ao qual se submetiam as testemunhas, e que visavam dar coerência aos depoimentos, no sentido de formar uma imagem leal ao paradigma de santidade que

---

9. Acta canonizationis. In: LAURENT, M.-H. (ed.). *Monumenta Ordinis Fratrum Praedicatorium Historica*. Vol. XVI. Roma: Institutum Historicum FF Praedicatorum, 1935.

se queria verificar. Devemos ressaltar ainda outro fato que consideramos relevante a respeito do processo de canonização. Os textos do processo, ao mesmo tempo em que se esforçavam para respeitar o procedimento canônico, recorriam apenas ao mínimo necessário para alcançá-lo – uma *vita*, por exemplo, só será escrita depois. Sua iniciativa, no entanto, deve ter nascido já coberta de êxito, uma vez que o próprio papa serviu como seu promotor, embora solicitado pelos principais representantes da Ordem. Aqui temos um ponto em comum com o processo de Francisco: é também Gregório IX que o inicia, o que em grande medida garante seu sucesso.

Como ocorre com Francisco, ao longo do século XIII, Domingos também será personagem de algumas hagiografias: a *Vita Sancti Dominici* (1235-1239), escrita por Pedro Ferrando; a *Vita Sancti Dominici* (1245-1248) de Constantino de Orvieto e a *Legenda Sancti Dominici* (1256), de Humberto de Romans[10]. Estas três vidas respondem às sucessivas tentativas de dar uniformidade aos ofícios litúrgicos da Ordem. A legenda de Pedro Ferrando foi aprovada pelo Capítulo Geral de 1242 e se insere no esforço de uniformizar a liturgia que teria sido iniciado pelo próprio Domingos, continuado por Jordão da Saxônia, e cuja legenda de Pedro seria uma tentativa de dar coerência narrativa e o devido tom hagiográfico à vida do fundador.

No entanto, ao que tudo indica, essa tentativa foi malograda, porque no Capítulo Geral de 1244 o mestre João Teu-

---

10. Além dessas, duas obras de grande relevo para a Ordem no século XIII são aquelas que entendemos como crônicas ou hagiografias coletivas: o já citado *Libellus* e a *Vitae fratum*.

tônico incumbiu quatro frades de fazerem um levantamento dos ofícios empregados nos vários conventos da Ordem e levarem seu resultado para a assembleia do ano seguinte. Foi nesse contexto de reforma litúrgica que Constantino de Orvieto escreveu sua *vita* de Domingos.

Mais uma vez parece que os frades não ficaram satisfeitos com o resultado da reforma, pois, em 1250, o Capítulo Geral estabelecia que os quatro apontados para fazerem a revisão da liturgia comparecessem em Metz, cidade onde se realizaria o Capítulo de 1251. Assim foi feito, e as assembleias de 1251 e 1252 a aprovaram. No entanto, o terceiro Capítulo, que transformaria a decisão dos dois anteriores em leis, acabaria por não ser realizado devido ao falecimento do mestre geral. Talvez a falta de uma terceira aprovação, talvez a probabilidade de que as reclamações tenham continuado a acontecer, tenha levado à proposição de mais uma uniformização litúrgica. Mas, dessa vez, quem se responsabilizou por levá-la a cabo foi o novo mestre geral, Humberto de Romans. Quiçá levados pela urgência da necessidade de dar fim a um provável caos litúrgico, ou, quem sabe, pressionados pelo novo mestre, os frades concordaram em aprovar os novos ofícios antes mesmo que estivessem prontos, já ali, na reunião de Buda de 1254. Os Capítulos Gerais de 1255 e 1256 fizeram da obra de Humberto lei, e junto com ela estava a *vita* de Domingos "definitiva".

Considerações finais

Enquanto o estabelecimento dos meandros jurídicos da construção da santidade se desenvolvia em Roma, esta também seguia rumos seus, guiados pela devoção dos fiéis. É assim que se explica uma Clara de Assis (m. 1253), em breve também santa, que lutou durante sua vida pelo privilégio da pobreza, para que suas irmãs não tivessem que depender de dotes para sobreviver. Ou um Antônio de Pádua ou de Lisboa (m. 1231), que se destacou por seus estudos e pregação. Também estimado como grande pregador, Bernardino de Sena (m. 1444) teve Antônio como modelo. E, reputado como "segundo fundador", também se unirá à fileira dos santos franciscanos Boaventura, teólogo e ministro geral reformador dos Menores.

Entre os frades pregadores santificados, há que se mencionar aquele que o foi mais rapidamente até do que Francisco: Pedro de Verona (morto em abril de 1252 e canonizado em março de 1253). A "canonização relâmpago" do inquisidor dominicano explica-se, em grande medida, por este ser reconhecido como o exemplo máximo de testemunho da fé, um mártir, por ter sido assassinado por hereges, em decorrência de sua luta contra a heresia. Vale lembrar que o tema do martírio era profundamente popular no século XIII, colocando o santo como uma espécie de herói, muito ao gosto da aristocracia que então construía um ideal de comportamento para si que passava também pela literatura.

Até o século XV, seriam santificados ainda o "Doutor Angélico" Tomás de Aquino (em 1323), como uma manobra de João XXII para legitimar suas próprias perspectivas sobre a pobreza evangélica; Vicente Ferrer e Catarina de Sena, uma terciária dominicana, conhecida por suas visões proféticas que agiam como reprimendas aos poderes eclesiásticos e os instavam à reforma.

Não podemos esquecer, no entanto, de mencionar a existência de várias figuras consideradas santas pelos irmãos e pelos fiéis, mas que não alcançaram, durante a Idade Média, a distinção canônica. É o que ocorre com Margarida de Cortona (m. 1297), associada à Ordem Terceira Franciscana, camponesa que viveu uma vida de pecado com seu amante nobre e se arrependeu depois que este foi assassinado. Dedicou-se, então, às boas obras, chegando a criar um hospital para mulheres.

Os santos mendicantes da Idade Média representaram a conjunção de fatores que fez do período que transcorre entre os séculos XIII e XV um dos mais estudados pelos medievalistas. O momento é de efervescência do que passam a ser vistas como novidades erigidas sobre tradições: a filosofia aristotélica e o ambiente universitário que a recebe e transforma; o poder eclesiástico concentrado nas mãos do bispo de Roma; uma nova espiritualidade que se traveste de retorno ao tempo apostólico; uma economia que se consolida nas trocas entre o rural e o urbano, o mercado local e a feira de produtos longínquos; uma sociedade cada vez mais complexa e renovada, que busca com afinco se ordenar. É esse o solo fértil no qual florescem frades e santos.

5

Mulheres e santidade na Idade Média

Andréia Cristina Lopes Frazão da Silva

No verbete intitulado *Santidade*, publicado no *Dicionário Temático do Ocidente Medieval*, Sofia Boesch Gajano, ao apresentar os principais aspectos que constituíram o referido fenômeno durante o Medievo, sublinha que, a partir do século XIII, "as mulheres adquiriram uma visibilidade inédita e original", ao lado dos leigos, "como protagonistas da santidade"[1]. Mesmo concordando com a autora que "a variedade da experiência religiosa feminina, a partir do século XIII, abre novos horizontes sobre o complexo fenômeno da santidade medieval"[2], creio que duas ressalvas se fazem necessárias.

Em primeiro lugar, ainda que o aumento demográfico e os novos movimentos religiosos, a partir do século XII, tenham contribuído para a expansão da espiritualidade feminina e com ela um número expressivo de mulheres tenha alcançado reconhecimento público de sua santidade, é necessário não superestimar tal crescimento. Para complemen-

---

1. GAJANO, S.B. Santidade. In: LE GOFF, J. & SCHMITT, J.-C. (orgs.). *Dicionário Temático do Ocidente Medieval*. Bauru/São Paulo: Edusc/Imprensa Oficial do Estado, 2002, vol. 2, p. 449-463, esp. p. 459-460.

2. Ibid., p. 460.

tar e exemplificar tal argumento, apresento dois resultados de pesquisas realizadas por especialistas.

Em seu estudo clássico sobre as canonizações papais realizadas entre 1198 a 1431, André Vauchez afirma que dentre o conjunto de pessoas reconhecidas como santos universalmente pela Igreja Romana no período, só 14,3% eram mulheres, enquanto 85,7% eram homens. Esta disparidade também é constatada pelo número total de processos iniciados: 81,7% referentes a homens e 18,3%, a mulheres[3].

Com outros critérios de pesquisa, a equipe do projeto *Hagiografia e história: um estudo comparativo da santidade*, desenvolvido junto ao Programa de Estudos Medievais da UFRJ, identificou 104 personagens que viveram ou atuaram na Península Ibérica durante os séculos XI ao XIII e que receberam algum tipo de reconhecimento da santidade, ou seja, por alguma instância eclesiástica ou por grupos de leigos: do conjunto, só 16 eram mulheres, ou seja, 15,3% do grupo total[4]. Mesmo que o levantamento possa não ter elencado todos os que viveram e receberam culto no período, trata-se, sem dúvidas, de uma amostragem significativa que corrobora as conclusões de Vauchez e permite afirmar que, a despeito da maior visibilidade feminina no campo da espiritualidade nos séculos finais do Medievo, os homens ainda eram a maioria no rol dos considerados como santos.

Em segundo lugar, mesmo que as experiências religiosas das mulheres tenham alcançado maior diversidade e, por

---

3. VAUCHEZ, A. *La santitá nel Medioevo*. Bolonha: Molino, 1989, p. 238.

4. Cf. SILVA, A.C.L.F. (coord.). *Banco de dados das hagiografias ibéricas* (séculos XI a XIII). Rio de Janeiro: Pem, 2009 [Coleção Hagiografia e História, vol. 1] [Disponível em http://www.ifcs.ufrj.br/~frazao/hh1.pdf – Acesso em 15/11/2014].

extensão, maior destaque a partir da Idade Média Central, desde a Antiguidade dezenas de mulheres foram consideradas santas e dignas de veneração.

Neste sentido, já no cristianismo primitivo surgiu a ideia de que as pessoas que haviam alcançado a "coroa"[5] do martírio, por sua proximidade com Deus, poderiam interceder pelos ainda vivos. Assim, passaram a circular, desde o século II, textos conhecidos como atas e paixões, que narravam o processo jurídico e a morte destes personagens, e foi desenvolvido o culto aos mártires, dentre os quais havia muitas mulheres, tais como Perpétua, Felicidade, Apolônia, Blandina, Eugênia, Águeda, Tecla, Eulália, Engrácia, Cecília etc.

Além dos mártires, outras figuras que se destacaram por sua santidade, sobretudo com o fim das perseguições, também foram consideradas santas e dentre elas havia mulheres. Desta forma, nos séculos IV e V começaram a ser alvo de devoção as virgens, as eremitas e as pecadoras arrependidas, tais como Genoveva, Marcelina, Brígida, Egipcíaca, Taís, para citar alguns nomes.

Vale sublinhar que a veneração a tais mulheres – mártires ou não – permaneceu por todo o Medievo, como atestam os calendários litúrgicos, as igrejas dedicadas a tais personagens, e diversos escritos eclesiásticos que retomam suas experiências, como sermões, hinos, hagiografias etc. Dentre estes muitos testemunhos, ressalta-se a emblemática *Legenda Áurea*, obra elaborada no século XIII pelo dominicano Jacopo de Voragine, na qual diversos relatos sobre santos são reunidos seguindo o calendário litúrgico. As narrativas apresentadas

---

5. Esta expressão é usada em vários textos antigos e medievais para enfatizar a vitória do mártir, que morreu por manter a sua fé e, portanto, alcançou a salvação eterna.

referem-se em sua grande maioria a santos que viveram na Antiguidade e, dentre esses, há diversas mulheres: Pelágia, Catarina de Alexandria, Inês, Teodora, Margarida, Sabina, Bárbara, além de muitas outras, como se encontram algumas das santas anteriormente mencionadas.

No presente capítulo, por meio da análise de testemunhos diversos, são apresentadas trajetórias de algumas mulheres que viveram entre os séculos V ao XIII e que receberam variadas formas de reconhecimento público de santidade. O objetivo é destacar, a partir das singularidades da biografia e do culto destas personagens, a sobrevivência e a complexidade do fenômeno da santidade feminina por todo o Medievo. Passo a apresentar os pressupostos que fundamentam as minhas reflexões.

Como sou historiadora, a minha perspectiva da santidade não é essencialista, ou seja, não considero que o reconhecimento social de uma pessoa como santa é fruto unicamente da sua trajetória excepcional, mas também das expectativas e interesses dos grupos que a promovem como digna de culto.

Ainda seguindo a perspectiva historiográfica, minha abordagem da trajetória das mulheres selecionadas não terá caráter hagiográfico, mas sim biográfico. Neste sentido, parto da noção de biografia como um exercício que busca compreender os laços, nem sempre diretos ou simples, que ligam uma pessoa ao momento histórico em que viveu. As pessoas interagem umas com as outras e com variadas instâncias da organização social. Desta forma, os elementos diversos, inclusive contraditórios, que estão presentes em uma dada sociedade em um período específico, incidem de formas diferentes nos personagens históricos.

As biografias que são apresentadas neste texto se baseiam nos textos produzidos no Medievo. É importante destacar que tais relatos não registraram todos os fatos e dimensões da trajetória das personagens selecionadas. Assim, o exposto são conhecimentos elaborados a partir dos testemunhos sobre o vivido pelas mulheres que foram reconhecidas como santas, dando realce a aspectos que, provavelmente, sequer foram perceptíveis e/ou valorizados pelos seus contemporâneos.

Como também vou abordar o culto a essas personagens, estarei atenta a como a memória de santidade dessas mulheres expandiu-se e perpetuou-se socialmente. Como já assinalado, durante o Medievo o reconhecimento público de uma pessoa como santa poderia ser de iniciativa de eclesiásticos ou leigos. Assim, um culto poderia ser estimulado por um bispo, um abade, um rei, um senhor local etc. Tais cultos eram promovidos por meio de diversas iniciativas, tais como a redação de hagiografias, hinos e sermões; a inclusão do nome em calendários litúrgicos; o patronato de igrejas; a construção de cenotáfios e túmulos para o personagem, e o alçamento de suas relíquias em um altar, para dar alguns exemplos. Somente ao final do século XII começaram a se organizar os processos de canonização sob a coordenação do papado. A partir deste momento, a Igreja Romana buscou normatizar e controlar o reconhecimento da santidade. Contudo, os demais setores sociais continuaram promovendo seus santos em nível local e/ou regional. Eventualmente, esses cultos acabaram motivando a organização de processos de canonização.

A seguir, passo a apresentar as biografias e o culto a algumas mulheres que foram consideradas santas. Procurei selecionar personagens que viveram não só em distintos séculos, mas também em regiões diversas da Europa Ocidental.

Santa Escolástica

Sobre a biografia de Santa Escolástica há mais conjecturas do que certezas. O testemunho mais antigo preservado sobre ela são os capítulos 33 e 34 do livro dois de *Dialogi* (*Diálogos*) de Gregório Magno[6], no qual são apresentados a trajetória e os milagres de São Bento[7]. Escolástica figura neste texto por ser irmã do protagonista.

A obra, dividida em quatro livros, é organizada na forma de diálogos entre o narrador, Gregório Magno, e o diácono Pedro, que faz perguntas e comentários face ao que é relatado. O texto *Dialogi* foi dedicado à rainha lombarda[8] Teodolinda e escrito em fins do século VI, cerca de 40 anos depois da morte de Escolástica, que provavelmente viveu entre as décadas finais do século V e primeiras do VI.

Este período de cerca de um século, ou seja, do nascimento da santa à redação dos *Dialogi*, foi marcado por transformações sociais, econômicas, políticas e religiosas relacionadas à desagregação do Império Romano, à chegada e instalação dos ostrogodos na região e às posteriores conquistas bizantina e lombarda da Península Itálica. Desta forma, os historiadores apontam que esse momento foi caracterizado por declínio

---

6. Mais conhecido por ter sido prelado de Roma entre 590 e 604, Gregório nasceu em Roma por volta de 540. Pertencente a uma família nobre, ocupou cargos públicos até abraçar a vida monástica em 574. Já como religioso atuou como embaixador episcopal romano em Constantinopla por seis anos. Ao retornar, foi eleito abade. Após a morte de Pelágio II foi consagrado como bispo, introduzindo diversas reformas. Dentre as suas muitas iniciativas, destaca-se a divulgação da Regra Beneditina.

7. Alguns autores questionam a autoria de Gregório Magno, baseados, sobretudo, no estilo literário muito particular deste texto face às suas outras obras.

8. Os lombardos, um dos povos denominados como germânicos, instalaram-se na Península Itálica no fim do século VI, com a desagregação do Império Romano. Formaram um reino que sobreviveu até o século VIII, quando foram conquistados pelos francos.

demográfico, expansão do cristianismo, instabilidade política, crises econômicas etc.

As informações presentes em *Dialogi* sobre Escolástica são pontuais, já que o personagem central é Bento. Contudo, como eram irmãos, dados apresentados sobre o santo também podem ser consideradas para a religiosa. Eles nasceram em Núrsia, localizada na Úmbria, Península Itálica, no seio de uma família nobre. Segundo o livro, a jovem foi "consagrada desde a infância a Deus onipotente" (cap. 33) e residia em um mosteiro (cap. 34)[9]. Para Geraldo Coelho Dias, esta informação permite concluir que Escolástica vivia em um mosteiro feminino, próximo a Monte Cassino, que foi provavelmente influenciado pela Regra Beneditina[10].

Ainda segundo o texto, Escolástica visitava o irmão anualmente. Foi em uma dessas ocasiões que ocorreu o milagre narrado no capítulo 33. Segundo este relato, após passarem algumas horas juntos, Bento informou que deveria voltar para o seu mosteiro. A irmã, contudo, clamou para que ele permanecesse com ela por toda a noite. Como ele se recusou, ela fez uma oração a Deus, em lágrimas, e imediatamente começou uma forte tempestade, o que impediu o retorno do monge. Este, segundo o relato, ficou aborrecido: "Mas ele, não podendo sair do local, teve que ali permanecer contra a vontade. E assim passaram toda a noite acordados, nutrindo-se ambos na mútua conversação e em santos colóquios sobre a vida espiritual" (cap. 33).

---

9. SÃO GREGÓRIO MAGNO. *Vida e milagres de São Bento.* 7. ed. São Paulo: Artpress, 2011, p. 109-112.

10. DIAS, J.A.C. Perspectivas bíblicas da mulher e monaquismo medieval feminino. *Revista da Faculdade de Letras* – História, série II, n. XII, 1995, p. 9-45, esp. p. 24. Porto.

O relato deste milagre termina com o narrador explicando que, neste caso, Deus preferiu atender ao pedido da mulher ao desejo do homem, pois, como Deus é amor, tal como registra a carta de 1Jo 4,16, ouviu "quem mais amava" (cap. 33). Assim, em um livro que buscava engrandecer a figura de Bento, Escolástica ganha um papel de destaque para demonstrar que até um homem tão santo poderia não ser atendido por Deus em situações específicas. Outro aspecto que também pode ser realçado a partir dessa narração, e que fundamenta muitas das tradições criadas durante o Medievo sobre os irmãos, é o caráter de complementaridade e a afeição entre eles, o que também pode apontar para uma justificativa de que a vida monástica proposta por Bento não visava atingir exclusivamente os homens, mas também as mulheres.

No capítulo seguinte, o 34, Escolástica é novamente mencionada. Nele é apresentado um novo milagre de Bento: "viu a alma da irmã, desprendida do corpo, a penetrar em forma de pomba nas regiões celestiais". O capítulo também informa que Escolástica foi sepultada em Monte Cassino, onde, posteriormente, Bento também foi enterrado.

No decorrer do Medievo, com a expansão da Regra Beneditina e a consolidação do culto à referida santa, uma série de tradições foi ampliando as notícias presentes neste relato inicial. Neste sentido, difundiu-se a informação que Escolástica e Bento eram gêmeos; que o monge morreu somente alguns dias depois da irmã; que ela foi a primeira monja beneditina, e que ocupou o cargo de abadessa em uma comunidade de religiosas fundada pelo irmão.

A devoção a Escolástica difundiu-se, sobretudo nos meios monásticos seguidores da Regra Beneditina, tornando-a uma espécie de monja modelar. Um exemplo do papel de relevo alcançado por esta santa para os beneditinos pode ser lido na obra *Vita S. Senorinae Bastensis*, elaborada no século XII, no Reino de Portugal. Para realçar a santidade da hagiografada, após narrar um milagre no qual a santa do século X clama para que parasse de chover, é realizada uma comparação deste com o operado por meio de Santa Escolástica: "este milagre foi tal como aquele que Deus [...] fez por meio de Santa Escolástica, irmã de Bento, que, a fim de o seu irmão, São Bento, não sair do pé dela, derramou lágrimas, pedindo a Deus chuva. O contrário outorgou Deus a Santa Senhoria"[11].

O culto a Escolástica sobreviveu ao Medievo, como atestam diversas imagens e representações da santa. Segundo estudos de Fabiola Chávez Hualpa[12], seu culto ainda era forte na Itália no final do século XX, onde uma das lendas que circulavam sobre ela afirmava que, apesar de virgem, após o falecimento de sua mãe, como possuía um irmão ainda muito pequeno, foi agraciada por Deus e pôde produzir leite para alimentar a criança. Por isso ela era invocada pelas lactantes.

Santa Radegunda

Para o estudo da trajetória de Radegunda possuímos a hagiografia *Vita S. Radegundis*, redigida um pouco depois da morte da santa, em fins do século VI, e as cartas escritas por Venâncio Fortunato. Baudonivia, que foi companheira da santa na vida monacal, também escreveu uma *Vita Ra-*

---

11. ANÔNIMO. Vita S. Senorinae Bastensis. In: PEREIRA, M.H.R. (ed.). *Vida e milagres de São Rosendo*. Porto: Junta Distrital do Porto, 1970, p. 111-147, esp. p. 133 e 135.

12. CHÁVEZ HUALPA, F. El mundo mágico y religioso de la mujer leonessana (Itália). *Anthropologica*, vol. 20, n. 20, 2012, p. 247-265. Lima.

degundis, entre 609 a 614. Além dessas *Vitae*, encontramos referências a Radegunda nas obras de Gregório de Tours.

Radegunda viveu em grande parte do século VI, momento em que se estruturava o reino franco sob a dinastia merovíngia. Esse período foi marcado por diversas guerras, expansão do cristianismo, organização da vida clerical e monástica, baixa demográfica, fusão de tradições romanas e germânicas, dentre outros aspectos.

Segundo os documentos, Radegunda nasceu por volta de 518. Ela era filha do rei da Turíngia, Bertário. Quando os francos conquistaram o reino em que nasceu, em 531, foi levada para a corte franca, onde certamente foi cristianizada e, segundo os documentos, educada. Apesar de letrada, não foi transmitido nenhum de seus escritos, ainda que as fontes mencionem que ela redigiu cartas e versos.

Aos 18 anos tornou-se uma das esposas do rei merovíngio Clotário I. Eles não tiveram filhos. As hagiografias destacam que durante todo o tempo em que foi casada Radegunda realizou obras de caridade e mortificações corporais. Após um período de cerca de seis anos, segundo a hagiografia de Fortunato, em seguida ao assassinato do seu irmão, abandonou a vida na corte e procurou Medardo, bispo de Noyon, implorando para que ele a consagrasse como monja. Esta atitude, segundo as *Vitae*, despertou a ira de nobres e do próprio rei, que em um primeiro momento teria concordado com a separação, mas que, depois, arrependera-se. Contudo, o epíscopo a consagrou como diaconisa. Posteriormente, seu casamento foi anulado pelo Bispo Germano, de Paris, e, após peregrinar por algumas localidades, Radegunda pôde viver reclusa no mosteiro que fundou e mandou construir em Poitiers, seguindo as instruções do Rei Clotário, como informam as fontes. Essa comunidade adotou, em 567, a regra de vida religiosa elaborada por Cesáreo de Arles, que previa uma rigorosa clausura.

No cenóbio, então denominado de Nossa Senhora de Poitiers, estabeleceu amizade com Agnes, que foi a abadessa da comunidade, e com o já citado Venâncio Fortunato, poeta proveniente da Península Itálica que chegou a bispo da cidade de Poitiers. Ele administrava o patrimônio do mosteiro e era o conselheiro espiritual das monjas.

As duas primeiras hagiografias elaboradas sobre Radegunda apresentam duas perspectivas distintas sobre a santa. Venâncio dá destaque às mortificações e sofrimentos que ela impunha a seu corpo, bem como às suas obras de caridade para com os menos favorecidos, como os leprosos. Assim, lemos em Fortunato: "Se alguém quiser contar de ponta a ponta tudo o que a santíssima com fervor levou a cabo quanto a jejuns, serviços, atos de humildade, caridade, dor e sofrimento, teria que proclamá-la tanto confessora como mártir"[13].

Baudonivia também apresenta uma mulher caridosa e repleta de virtudes, mas atenta às questões políticas ("sempre preocupada com a paz e com maior interesse pela salvação da pátria"); que gostava de ler ("fazia sempre uma leitura") e era cuidadosa com suas irmãs de cenóbio ("tanto amou a comunidade que, cheia do desejo de Deus, havia reunido, que nem se recordava de ter tido, ela também, pais e um rei por esposo")[14].

---

13. Tradução para o português do texto disponível on line em espanhol: www.uniovedo.es/reunido/index.php/RFF/article/view/38 [Acesso em 16/11/2014].

14. Textos traduzidos do original espanhol e disponível em http://dialnet.unirioja.es/servlet/articulo?codigo=2368579

As hagiografias informam que Radegunda reuniu em seu mosteiro diversas relíquias, inclusive um pedaço da Santa Cruz, nome pelo qual o cenóbio que fora por ela fundado passou a ser conhecido. Esta relíquia, segundo Baudonivia, foi solicitada ao próprio imperador do Oriente.

Radegunda faleceu em 13 de agosto de 587. Como o bispo local encontrava-se em viagem, Gregório de Tours foi chamado para dirigir a cerimônia de sepultamento. Ela foi enterrada na Igreja de Santa Maria de Extramuros, que ela própria mandara edificar e que ficava localizada fora das muralhas da cidade de Poitiers. Desde 561 esse templo era utilizado para sepultar as monjas do seu mosteiro.

A igreja foi totalmente reconstruída no século XI e consagrada em 1099, sendo denominada de Igreja de Santa Radegunda. O templo foi alvo de ampliações e/ou reformas nos séculos XIII, XV, XIX e XX. O sarcófago que se encontra atualmente na cripta é datado entre os séculos X e XI. No século XVI esse túmulo foi saqueado. Os ossos carbonizados encontrados foram recolhidos e guardados. Acredita-se que sejam de Radegunda.

Segundo registram as hagiografias, a fama de santidade de Radegunda se iniciou enquanto ela ainda vivia e manteve-se após a sua morte. Assim, nas *vitae* encontram-se narrados diversos milagres atribuídos à santa. E, como é sintetizado na obra de Venâncio, "com a ajuda de Deus brilhou com todo o tipo de milagres".

O culto a Radegunda manteve-se nos séculos seguintes, como a redação de novas hagiografias permite concluir. Assim, no século XII, Hildeberto de Lavardin, bispo de Le Mans, compôs uma nova vida, seguindo de perto a obra de Fortunato.

Também foram transmitidas duas coletâneas anônimas de milagres, uma datada do século XIII, com a narração de treze milagres, e outra dos séculos XIV-XV, com mais dois. Ainda foi composta uma vida no século XVI, em versos, que tem sido atribuída ao beneditino Henry Bradshaw. O nome da Radegunda foi incluído no martirológico romano e seu culto permanece até a atualidade.

Santa Valpurga

Para o estudo da trajetória e culto a Santa Valpurga, também conhecida como Walpurga ou Walburga, contamos com uma hagiografia, composta cerca de 100 anos após a sua morte, *Miracula S. Walburgae Manheimensis*, escrita por Wolfhard Von Herrieden a pedido do Bispo Erchimbald de Eichstädt. Ele foi o responsável pelo traslado das relíquias da santa de Eichstätt para Monheim, em 893. Esta obra é datada de fins do século IX ou primeiros anos do X. Ao final do século X, uma *Vita secunda* foi composta. Este texto é associado a Aselbod, que foi bispo de Utrecht. Há ainda uma última hagiografia, datada do século XIV, *Vita S. Walburgae*, da autoria de Phillipp Von Rathsamhaüsen, que também foi bispo de Eichstätt. Também há notícias de um hino composto em 1035 pelo Bispo Heribert de Rothenburg, quando uma abadia construída em Eichstätt foi consagrada a Valpurga. Estes documentos mais tardios apontam para a continuidade do interesse pela santa no decorrer do Medievo.

Valpurga nasceu em Devon, atual Inglaterra, por volta de 710. Ela era filha de Ricardo, nobre anglo-saxão ligado ao Reino de Wessex, e de Winna. Além da menina, o casal teve mais dois filhos: Willibald e Winibald. Por sua mãe, as crianças eram sobrinhas de Winfrido, mais conhecido pelo nome latino de São Bonifácio, considerado o evangelizador da Germânia.

Neste período, as Ilhas Britânicas estavam divididas em diversos pequenos reinos anglo-saxões. Eventualmente, um se sobressaía, impondo-se politicamente aos demais. Outro aspecto de destaque no período foi a consolidação dos costumes e tradições do cristianismo romano face ao irlandês na região a partir de uma decisão conciliar, ocorrida no século anterior. Foram estas as tradições cristãs que os missionários anglo-saxões levaram para a Germânia a partir das ações de Willibrord[15], depois de 681, com apoio dos francos.

Por volta de 720, Ricardo decidiu realizar uma peregrinação à Terra Santa acompanhado de seus filhos. Na ocasião, colocou Valburga sob a proteção das monjas da Abadia de Wimborne, localizada em Dorset, como era o costume da época, para ser educada. Esta abadia fora fundada pela Rainha Cuthberga, esposa do Rei Alfredo. Ricardo faleceu durante a peregrinação, em Lucca, e a menina permaneceu na abadia. Em algum momento fez a opção pela vida religiosa, continuando a viver no mosteiro. Ela viveu neste mosteiro por mais ou menos 26 anos. Ali certamente aprendeu a ler e a escrever, bem como a executar trabalhos manuais, como fiar.

Quando Valpurga tinha cerca de 40 anos sua vida passou por uma grande transformação. Como já assinalado, eclesiásticos anglo-saxões estavam desenvolvendo atividades missionárias na Germânia, dentre estes, São Bonifácio.

---

15. Ainda que a tradição considere o citado Bonifácio/Winfrido como o cristianizador da Germânia, os documentos apontam que o precursor desta tarefa evangelizadora foi Willibrord.

Assim, em 748, monjas de Wimborne, assim como outros religiosos e clérigos, foram convidados por Bonifácio para o auxiliarem em sua missão. A meta era criar uma rede de mosteiros e bispados que pudessem contribuir para a consolidação da fé cristã na região. Como lemos na *Vida de Santa Leoba*, irmã de Bonifácio:

> Quando Bonifácio descobriu que as pessoas estavam prontas para receber a fé e que, apesar de a colheita ser grande, os operários que trabalharam com ele eram poucos, enviou mensageiros e cartas para a Inglaterra, sua terra natal, convocando de diferentes fileiras do clero muitos que fossem versados na lei divina e equipados tanto por seu caráter quanto por boas obras para pregar a Palavra de Deus. Com a sua ajuda, ele zelosamente realizou a missão para a qual ele foi escolhido, e pela sã doutrina e milagres converteu uma grande parte da Alemanha para a fé[16].

Desta forma, juntamente com outras monjas, como Tecla e Leoba, Valpurga dirigiu-se para o continente. Ela instalou-se no mosteiro dúplice de Heidenheim, ou seja, no qual viviam dois grupos de religiosos – o dos homens e o das mulheres –, como era comum na época. Este cenóbio fora fundado por um de seus irmãos, Winnibald. Ele foi abade da comunidade até sua morte, ocorrida em 751. Neste momento, a santa assumiu a direção do mosteiro, gerindo tanto o grupo de monjas quanto o de monges.

Como já assinalamos, Valpurga era letrada. Assim, alguns autores afirmaram que ela fora responsável pela redação da

---

16. Tradução realizada a partir do texto em inglês disponível em www.fordham.edu/Halsall/basis/leoba.asp [Acesso em 16/11/2014].

obra *Hoedoeporicon*, na qual são apresentados relatos de viagens que foram realizadas na Palestina por seu irmão, Willibald, que foi bispo de Eichstätt, e de uma vida de Winnibald. A Enciclopédia Católica chega a assinalar que Valpurga teria sido a primeira mulher autora tanto da Inglaterra quanto da Alemanha[17]. Essas obras, contudo, segundo estudos mais recentes, foram escritas pela monja de origem saxã Huneberc, do Mosteiro de Heidenheim, provavelmente sob a coordenação da irmã dos protagonistas, que então era a abadessa da comunidade dúplice.

Valpurga morreu em 25 de fevereiro de 777 ou 779 e foi sepultada em Heidenheim. Por volta de 870, como aponta a tradição, ela teria aparecido em visão para o Bispo Otkar de Eichstätt, que teria ordenado a trasladação de suas relíquias para a Igreja de Santa Cruz, hoje Igreja de Santa Valpurga. Em 893, outro prelado de Eichstätt, Erchanbald, mandou exumar o corpo da santa. Na ocasião foi encontrado muito líquido na tumba, que foi denominado como "óleo de Valpurga". Ele passou a ser coletado e distribuído aos fiéis como meio de cura. Esta prática, segundo o site da abadia beneditina de St. Walburga, permanece até os dias de hoje: todos os anos, de 12 de outubro a 25 de fevereiro, dois dias de festa relacionados à santa, um líquido é vertido de suas relíquias e distribuído[18].

---

17. Cf. CASANOVA, G. St. Walburga. In: *The Catholic Encyclopedia* [Disponível em www.newadvent.org/cathen/15526b.htm – Acesso em 14/11/2014].

18. Disponível em http://www.walburga.org/about/benedictine-saints/ [Acesso em 16/11/2014].

Santa Oria

Para conhecermos a trajetória de Oria, possuímos uma hagiografia escrita no século XIII, em versos, conhecida pelos títulos de *Poema de Santa Oria* ou *Vida de Santa Oria*[19]. Este poema é uma tradução para o castelhano, realizada pelo Sacerdote Gonzalo de Berceo[20], da obra *Vita Beatae Aureae*, hoje perdida, redigida em prosa e em latim, no século XI, pelo Monge Munio, que foi o confessor da santa.

Segundo a hagiografia berceana, Oria nasceu em Villavelayo, povoado da Região de La Rioja, então área do Reino de Castela. O ano provável de seu nascimento é 1043. Aos 9 anos, após a morte de seu pai, Garcia, tornou-se emparedada no Mosteiro de San Millán de Suso, o mais importante de La Rioja, acompanhando sua mãe, Amunna. Uma emparedada[21] era uma devota que se permitia fechar em uma cova ou cela, geralmente construída nos muros de um mosteiro, onde só havia um buraco para receber água e comida.

Vale destacar que a hagiografia não faz menção ao fato de mãe e filha terem feito profissão religiosa e votos. Mas, como era costume no período, ao ficar viúva, Ammuna pôde ter

---

19. Obra disponível em http://www.vallenajerilla.com/berceo/claveriagarcia/oria.pdf [Acesso em 10/11/2014].

20. Gonzalo nasceu por volta de 1196, em Berceo, povoado da Região de La Rioja, localizada no centro-norte da Península Ibérica. Ele foi criado no Mosteiro de San Millán de la Cogolla, onde Oria também vivera cerca de 150 anos antes. Provavelmente adquiriu formação universitária em Palência. Ele escreveu diversos poemas com temas religiosos, sobretudo, hagiográficos.

21. Emparedada é o termo usado no texto de Berceo, mas Beresford questiona este emparedamento, ressaltando que esta não era uma prática comum no momento em que Oria viveu, século XI. Cf. BERESFORD, A.M. "La niña que yazié en paredes cerrada": the representation of the Anchoress in Gonzalo de Berceo's Vida de Santa Oria. In: DEYERMOND, A. & WHETNALL, J. (ed.). *Proceedings of the Eleventh Colloquium*. Londres: University of London, 2002, p. 45-56, esp. p. 51.

entregue seus bens ao Mosteiro de San Millán de Suso, passando, então, a viver sob a proteção material e espiritual dos monges. Porém, independentemente do vínculo estabelecido entre Oria e sua mãe com a comunidade emilianense, segundo a hagiografia, ela permaneceu junto ao cenóbio até a sua morte, quando tinha 27 anos, ou seja, por volta de 1070. Ela foi enterrada em uma cova escavada na pedra atrás da igreja do Mosteiro de San Millán de Suso, onde posteriormente sua mãe também foi sepultada. Tais túmulos foram preservados e ainda encontram-se identificados como tal.

Os anos centrais do século XI, período em que as referidas mulheres permaneceram vinculadas ao mosteiro, foi o de maior esplendor e fama deste cenóbio, que atraía peregrinos, recebia diversas doações, era um centro de assistência e de produção de manuscritos. Este esplendor pode ser explicado, entre outros fatores, pela expansão territorial dos reinos cristãos face às áreas até então sob domínio muçulmano, o que redundou em maior riqueza circulante e segurança.

O relato hagiográfico de Berceo não apresenta muitos episódios da vida de Oria. Mas como ele retrata a reclusa lendo textos latinos, como vidas de santos, e informa que esta possuiu uma professora, chamada Urraca, é possível concluir que a jovem adquiriu alguma formação escolar, provavelmente no próprio mosteiro. Neste poema as qualidades da santa são realçadas. Desta forma, ela figura mortificando a sua carne, sofrendo abstinências, fazendo orações e é descrita como paciente, humilde e de bom coração. O texto ainda afirma que ela era luz e conforto de sua vizinhança, o que pode ser interpretado como uma referência à sua fama de santidade ainda em vida. A característica de Oria mais sublinhada, contudo, é o seu espírito contemplativo e místico, coroado por visões que teriam se iniciado por volta dos seus 25 anos.

A obra descreve três visões. A primeira teria ocorrido em 27 de dezembro, dia da Festa da Virgem Mártir Eugênia, segundo a liturgia moçárabe. Nesta visão, Oria, guiada por três mártires – Agatha, Eulália e Cecília – passeia pelo céu. Lá encontra cônegos, bispos, um coro de virgens, mártires, ermitãos e, dentre estes, muitos personagens riojanos e que lhe foram próximos, como a sua Professora Urraca, já mencionada, que não pôde ver, mas com quem conversou, e seu pai. Durante esta visão a reclusa encontrou uma virgem, chamada Voxmea. Esta jovem tinha a função de guardar o trono que estava reservado no céu para Oria. Após solicitar permanecer no céu, o que lhe foi negado, foi trazida de volta ao seu corpo. A segunda teria acontecido onze meses depois, no dia 27 de novembro. Nela, três virgens, não nomeadas, trazem uma espécie de cama em que fazem Oria recostar para receber a visita da Virgem. Durante a visão, Maria revela a Oria que ela ficará muito doente e falecerá em breve. Na terceira, tida, segundo o relato, um pouco antes de sua morte, datada de 12 de março de 1070, Festa de São Gregório, a jovem é levada ao Monte das Oliveiras. Ali ela vê diversos varões vestidos de branco. O texto não atribui nenhum milagre à referida santa nem em vida nem após sua morte. Sua excepcionalidade encontra-se unicamente nas suas visões.

Como o testemunho mais antigo e completo que possuímos sobre a vida de Oria é o poema hagiográfico do século XIII, e, portanto, tardio, não se pode descartar a possibilidade de o autor ter ampliado ou suprimido informações presentes na vida latina, sua principal fonte, e até ter se inspirado em outros textos, constituindo, assim, uma memória de santidade para Oria marcada essencialmente por seu caráter visionário. Contudo, Úria Maqua, uma das maiores especialistas dedicadas ao estudo desta santa, aponta que tais relatos de visões não resultam unicamente de uma inspiração literária. Ela defende que as narrações de visões foram constituídas e difundidas quando a jovem ainda vivia, atraindo a admiração das pessoas, que se dirigiam ao Mosteiro de San Millán para ouvir a santa relatá-las[22]. Ainda para esta autora, o culto a Oria iniciou-se, logo após a sua morte, na região em que ela viveu.

Incontestavelmente, o maior difusor da devoção a Oria em fins do Medievo foi a hagiografia redigida por Gonzalo de Berceo. Ainda que esta obra possa ter sido composta originalmente para recordar e engrandecer o passado do Mosteiro de San Millán, atraindo peregrinos e ofertas, não podemos descartar que acabou por ocupar outras funções, sobretudo apresentar um modelo de santidade feminina pautado no recolhimento, na virgindade e na experiência visionária.

Outros testemunhos apontam que o culto permaneceu vivo após o Medievo. Em 1609, os restos mortais de Oria foram trasladados para o altar da Igreja de San Millán de Yuso. Nessa ocasião, relíquias da santa foram doadas à Paróquia de Villavelayo[23]. Nesta localidade foi construída, no século XVII, uma ermida dedicada à visionária, que, segundo a tradição, foi edificada no mesmo local da antiga casa de sua

---

22. ÚRIA MAQUA, I. Introducción biográfica y crítica. In: GONZALO DE BERCEO. *Poema de Santa Oria*. Madri: Castalia, 1981, p. 9-69, esp. p. 17 [Ed. crítica de Isabel Úria Maqua].

23. SANCHÉZ RUIPÉREZ, M. Un pasaje de Berceo. *Revista de Filología Española*, n. 30, 1946, p. 382-384. Madri.

família. Ainda no século XVII foi fundada uma Confraria de Santa Oria, oficialmente aprovada pelo Papa Urbano VIII, com bula datada de 1625[24].

Mesmo sem ter sido canonizada pelo papado, o culto a Santa Oria sobrevive em San Millán, Villavelayo e regiões vizinhas até hoje, promovido, sobretudo, por sua confraria, que continua em atividade[25].

Santa Hildegarda de Bingen

Para o estudo da biografia e culto de Hildegarda, contamos com as próprias informações presentes em seus escritos, bem como com as obras de seus hagiógrafos Gottfried e Theodorico, que foram seus contemporâneos[26]. Segundo os hagiógrafos, a santa nasceu em 1098, provavelmente em Bermersheim, no Condado de Spanheim, no seio de uma família nobre e de posses[27]. Era a décima e última filha de Hildeberto de Bermesheim, ministro imperial, e de Matilda.

Hildegarda nasceu, portanto, em fins do século XI, e viveu durante boa parte do século XII. Este período foi marcado, segundo a historiografia, dentre outros aspectos, pelas iniciativas papais de organizar uma igreja universal sob sua direção; pelo início das cruzadas; pelo advento de movimentos de reforma monástica, como os cisterciense e

---

24. ÚRIA MAQUA. Op. cit., p. 18.

25. Informações sobre a confraria de Santa Oria podem ser obtidas em seu site: http://cofradiadesantaaurea.wordpress.com/ [Acesso em 16/12/2014].

26. Por volta de 1174-1175, Gottfried iniciou a redação de uma biografia sobre Hildegarda. Esta obra foi completada por Theodorico logo após a morte da santa, por volta de 1180-1190.

27. Há de ressaltar que a origem nobre e riqueza dos santos eram *topoi* comuns aos textos hagiográficos medievais.

cartuxo; pelo surgimento das ordens militares; pelas tentativas de pôr fim aos conflitos entre os papas e os imperadores do Sacro Império; pela convocação e organização de concílios de caráter geral; pelo crescimento demográfico e pela expansão econômica, dentre outros fenômenos.

Como era usual no período, Hildegarda foi confiada a Jutta, filha do conde de Spanheim, para ser educada. Assim, aos 8 anos, ela passou a residir no mosteiro dúplice de Disibodenberg[28], onde sua tutora vivia e do qual foi abadessa. Sua infância, portanto, desenrolou-se em um ambiente monástico.

Provavelmente aos 13 anos, Hildegarda ingressou na vida religiosa como monja no mesmo cenóbio onde fora educada. Esta comunidade se pautava na Regra Beneditina. Desta forma, seguindo o previsto por esta regra, ela passava os seus dias dedicada à oração, à liturgia, ao trabalho manual e à convivência com as outras religiosas. Em 1136, após a morte de Jutta, provavelmente devido à sua conduta exemplar, foi eleita abadessa das monjas do Mosteiro de Disibodenberg.

A enfermidade[29] e as visões marcaram a trajetória de Hildegarda, segundo apontam os testemunhos. Sobre a segunda, conforme relatou posteriormente, desde a infância foi acometida de visões, contudo, só se sentiu chamada a divulgá-las por volta dos 40 anos, quando já era abadessa. Assim, informa em sua obra *Scivias* que "desde os 5 anos até o presente senti prodigiosamente em mim a força e o

---

28. Como já realçado no tópico referente à trajetória e culto a Valpurga, um mosteiro dúplice abrigava monges de ambos os sexos, submetidos aos seus próprios abades ou a um único, que poderia ser um religioso ou religiosa.

29. Segundo alguns autores, é possível que a santa sofresse de epilepsia. Cf. LYON, H.R. (org.). *Dicionário da Idade Média*. Rio de Janeiro: Zahar, 1990, p. 194.

mistério das visões secretas e admiráveis, e, todavia, ainda as sinto"[30].

Foi justamente com a redação de *Scivias* em 1141, obra na qual narra suas visões, que Hildegarda iniciou a sua atividade literária. Este livro, que só foi finalizado em 1151, recebeu aprovação papal no Sínodo de Treves, realizado entre novembro de 1147 e fevereiro de 1148. Nessa ocasião, algumas visões de Hildegarda foram lidas pelo próprio Papa Eugênio III.

A Sibila do Reno, como também é conhecida Hildegarda, produziu um grande número de textos sobre temáticas variadas, que incluíam textos visionários, vidas de santos, sermões, hinos, poesias, comentários, obras de história natural, farmacologia, cosmologia e teologia. Para a redação destes materiais contou com a ajuda de secretários[31]: o Monge Volmar[32], que também foi seu conselheiro até 1173, quando morreu; a religiosa Richardis, que a assessorou até ser transferida para outro mosteiro, em 1151; e o Monge Guibert de Gembloux.

Foi também após os 40 anos que Hildegarda iniciou a sua atividade epistolar, trocando cartas com papas, líderes monásticos, imperadores, reis e rainhas, e até com uma imperatriz bizantina. Cerca de 300 cartas do epistolário hildegardiano foram conservadas, mas certamente ela escreveu muitas outras.

---

30. Tradução minha a partir do texto em espanhol disponível em www.hildegardiana. es/31scivias/index.html

31. Conforme destaca em uma de suas obras, Hildegarda não era fluente na escrita latina devido a sua educação deficiente. PERNOUD, R. *Hildegard de Bingen* – A consciência inspirada do século XII. Rio de Janeiro: Rocco, 1996, p. 14.

32. Segundo o testemunho da própria Hildegarda, foi Jutta que a encaminhou a Volmar, que se tornou seu mestre e auxiliar na redação de suas obras. Cf. nos textos transcritos por DRONKE, P. *Las escritoras de la Edad Media*. Barcelona: Critica/Drakontos, 1995, p. 202.

Em meio a sua intensa vida literária, foi concedida a aprovação papal para a transferência das dezoito monjas sob a liderança de Hildegarda do mosteiro dúplice de Disibodenberg para uma comunidade unicamente feminina. É importante destacar que nesse período o papado começava a normatizar a vida religiosa feminina, fenômeno em expansão, em parte devido ao próprio crescimento demográfico, mas também influenciado pelas reformas monásticas. A mudança para Rupertsberg, localidade situada na confluência do Reno com o Nahe, próxima ao porto fluvial de Bingen, só se efetivou em 1150, após muitos conflitos e resistência por parte dos monges de Disibodenberg, sobretudo por razões econômicas. Ao mudarem-se da comunidade as monjas levariam os dotes entregues por suas famílias quando do ingresso na vida religiosa, o que diminuiria as rendas do mosteiro. Posteriormente, em 1165, Hildegarda fundou o cenóbio de Eibingen, também localizado à margem do Reno.

Longe de viver todo o tempo enclausurada no mosteiro, por volta de 1159 Hildegarda empreendeu uma série de viagens com o objetivo de realizar pregações públicas. Desta forma, visitou diversas localidades, tais como Treves, Ingelheim, Metz, Colônia, Mayence, para pregar.

Vivendo em um momento em que a heresia cátara se expandia ao longo do Reno e também na França Meridional, Hildegarda, por meio de seus escritos, em especial suas cartas, exortou os clérigos a orar pelo fim da heresia. Como os cátaros rejeitavam o corpo, é possível supor que algumas de suas reflexões sobre a saúde, dentre outros objetivos, visavam contrapor-se aos ensinamentos deste grupo.

Hildegarda passou seus últimos meses de vida no Mosteiro de Eibingen. Faleceu em 17 de setembro de 1179, com 82 anos. Ela foi sepultada na igreja do mosteiro que fundou e do qual foi abadessa, Rupertsberg. Com a destruição deste cenóbio, em 1632, seus restos mortais foram trasladados para Eibingen, onde permanecem até hoje.

A fama de santidade de Hildegarda iniciou-se enquanto ela ainda vivia. Assim, diversos milagres foram-lhe atribuídos e registrados por seus hagiógrafos. Após a sua morte continuou a ser venerada pelas populações locais e nas comunidades que fundou. A primeira tentativa de canonizar a santa ocorreu no início do século XIII, por iniciativa das próprias monjas de Rupertsberg, contudo o processo não alcançou êxito. Em 1326, o Papa João XXII permitiu que as monjas de Rupertsberg celebrassem a Festa de Hildegarda. No século XV seu nome passou a figurar no martirológico romano. Muitos séculos depois, em 1940, o culto a Hildegarda foi autorizado em toda a Alemanha pelo Papa Pio XII. E finalmente, em 10 de maio de 2012, Hildegarda foi canonizada pelo Papa Bento XVI. Alguns meses depois, em 7 de outubro do mesmo ano, foi proclamada doutora da Igreja[33].

Santa Clara de Assis

Para o estudo da biografia de Clara de Assis, considerada a primeira franciscana, e do desenvolvimento de seu culto contamos com um grande conjunto de fontes diretas e indiretas, sobretudo se comparado ao de outras personagens aqui apresentadas: os escritos da própria santa, o seu processo de canonização, textos hagiográficos, documentos papais, hinos, crônicas etc.[34]

---

33. Informações coletadas no site www.abtei-st-hildegard.de [Acesso em 15/11/2014].

34. Este conjunto de textos, denominado *Fontes Clarianas*, foi traduzido e publicado no Brasil por Frei José Carlos Pedroso. Estas obras podem ser acessadas, em edição bilíngue, em http://www.centrofranciscano.org.br/ [Acesso em 14/11/2014].

Clara de Assis nasceu e viveu na Úmbria, região central da Península Itálica, provavelmente entre 1194 e 1253, ou seja, "no coração do período do grande desenvolvimento do Ocidente medieval e em uma região fortemente marcada por este desenvolvimento", como destaca Le Goff[35]. Como a historiografia tem demonstrado, os séculos XII e XIII foram caracterizados por profundas transformações em diversos campos da organização social, ainda que com muitas variedades regionais: grande expansão demográfica, crescimento das cidades; incremento das atividades econômicas; aumento da riqueza circulante; afirmação das línguas vernáculas; retomada do direito romano; ampliação da autoridade papal; presença de grupos heréticos, para só citar alguns aspectos daquela conjuntura.

Nascida em Assis, Clara era a primeira filha de Hortolana e de um dos membros da família nobre dos Favarone. Como outras jovens de seu grupo social, certamente foi educada por uma tutora ou tutor, que lhe ensinou a ler e escrever em latim, além de outros conhecimentos básicos. Também deve ter aprendido a fiar, costurar e bordar, tarefas tradicionalmente associadas às mulheres, bem como adquirido outros saberes relacionados ao funcionamento cotidiano de uma casa nobre.

Em 1198 ocorreram conflitos em Assis que redundaram na formação da Comuna. Neste contexto, vários nobres fugiram da cidade, dentre eles a família de Clara. Primeiro refugiaram-se em Corozano, posteriormente se estabeleceram em Perúgia, onde permanecem por alguns anos. Após acordos

---

35. LE GOFF, J. *São Francisco de Assis*. Rio de Janeiro: Record, 2001, p. 23.

com a Comuna, algumas famílias nobres retornaram para Assis, dentre elas a Favarone.

É provável que em 1210, quando Francisco já recebera a aprovação oral de seu movimento por Inocêncio III e pregava em Assis, Clara residisse novamente na cidade. Certamente ela ouvira falar sobre o movimento franciscano, pois um de seus primos, Rufino, juntara-se ao grupo. É possível até que ela tivesse assistido alguma das pregações dos frades em uma das igrejas locais.

Foi nesse período que, segundo o depoimento de Bona durante o processo de canonização da santa, Clara e Francisco começaram a encontrar-se: "[...] a testemunha foi muitas vezes com ela conversar com São Francisco, e ia secretamente para não ser vista pelos parentes"[36].

Cerca de dois anos após estas conversas periódicas, em 1212, no Domingo de Ramos, Clara saiu de sua casa, certamente com a anuência do bispo de Assis. Ela foi recebida por Francisco e demais irmãos na Igreja de Nossa Senhora dos Anjos, onde teve seus cabelos cortados, como sinal de sua dedicação a Deus. Mas Clara, como apontam os testemunhos, não permaneceu com o grupo de frades, sendo levada para o Mosteiro Beneditino de São Paulo, das abadessas, onde ingressou como irmã serva. Enquanto se encontrava neste cenóbio feminino, segundo informam as fontes, foi procurada por sua família, mas Clara permaneceu fiel à sua decisão. Alguns dias depois ela foi levada para a ermida de Santo Ângelo de Panço, onde provavelmente existia uma comunidade de mulheres leigas. Foi ali que sua irmã Catarina, que com

---

36. PEDROSO. Op. cit.

o ingresso na vida religiosa passou a chamar-se Inês, veio se juntar a ela.

Algum tempo depois, Clara e sua irmã, provavelmente ainda em 1212, foram instaladas em uma pequena igreja que fora reformada pelos frades: São Damião. Ali, pouco a pouco foram se juntando a elas diversas outras mulheres, de diferentes grupos sociais. A comunidade, apesar de manter o espírito da pobreza franciscana, organizou-se como um grupo de monjas. Contudo, teria recebido do Papa Inocêncio III, por solicitação da própria Clara, o chamado Privilégio da Pobreza[37], documento que permitia que as irmãs não fossem obrigadas a receber propriedades: "como haveis suplicado, corroboramos o vosso propósito da mais alta pobreza com o favor apostólico, concedendo-vos com a autoridade da presente, que não possais ser por ninguém obrigadas a receber propriedades". Este privilégio foi renovado pelo Papa Gregório IX. Clara tornou-se, portanto, a abadessa de uma comunidade de religiosas reclusas e pobres.

O Papa Gregório IX empenhou-se em organizar a vida religiosa feminina e, para tal, colocou sob a proteção papal diversas comunidades que passaram a ser conhecidas como a Ordem das Senhoras Pobres ou Damas Pobres de São Damião. Tais comunidades seguiam os costumes de Clara e das irmãs de São Damião, mas foram reconhecidas pela Igreja Romana como membros do *ordo monasticus*, sendo obrigadas a professar a Regra Beneditina. Esta regra dava fundamento jurídico à comunidade, conforme os cânones 26 de Latrão III e o 13 de Latrão IV. O papa também formulou uma forma de vida, uma espécie de norma que visava adaptar a

---

37. Os autores discutem a autenticidade deste documento. Texto disponível em PEDROSO. Op. cit.

Regra Beneditina ao universo feminino e às novas exigências da Igreja Romana direcionadas aos regulares.

Os autores discutem se a comunidade de São Damião estaria vinculada a esta Ordem submetida diretamente ao papado. A hipótese que adoto é que, enquanto Francisco estava vivo, esta comunidade ficou diretamente ligada a ele. Esta hipótese pode ser corroborada pela bula *Quoties Cordis*, de 1227, dirigida ao ministro geral e pela qual Gregório IX confia o cuidado das Senhoras Pobres aos Frades Menores. Neste momento Francisco já havia falecido, e, provavelmente, o Mosteiro de São Damião passou a formar um único com as demais comunidades femininas da Ordem das Damas Pobres, grupo que foi colocado sob a jurisdição dos frades. Este cuidado implicava a manutenção de capelães, envio de visitadores e apoio para o sustento da comunidade.

Por meio de outra bula, emitida poucos anos depois, a *Quo elongati*, de 1230, Gregório IX proíbe os frades de irem aos mosteiros femininos, salvo os que possuíam permissão papal. Como aponta a *Legenda de Santa Clara*, esta decisão foi alvo de resistência da santa.

> Uma vez, o Papa Gregório proibiu qualquer frade de ir sem sua licença aos mosteiros das senhoras. A piedosa madre, doendo-se porque ia ser mais raro para as irmãs o manjar da doutrina sagrada, gemeu: "Tire-nos também os outros frades, já que nos privou dos que davam o alimento de vida". E devolveu ao ministro na mesma hora todos os irmãos, pois não queria esmoleres para buscar o pão do corpo, se já não tinha esmoleres para o pão do espírito. Quando soube disso, o Papa Gregório deixou imediatamente a proibição nas mãos do ministro geral[38].

---

38. PEDROSO. Op. cit.

Assim, é possível concluir que as normas papais que buscavam ordenar a vida religiosa feminina das chamadas senhoras pobres, em geral, também foram impostas à comunidade liderada por Clara. Estas, contudo, pelo que é possível verificar pelos documentos, só eram acatadas se não ferissem os princípios da vida religiosa feminina pautada na fraternidade e na pobreza.

Em 1247, Inocêncio IV concedeu à Ordem de São Damião uma nova forma de vida, ou seja, uma nova adaptação da Regra Beneditina para ser seguida pelas senhoras pobres. Foi nesta ocasião que o papado finalmente permitiu às damianitas o seguimento da Regra de São Francisco, ainda que só parcialmente: "Concedemos que vós e as que vos sucederem observem a Regra de São Francisco apenas quanto aos três pontos: obediência, renúncia da propriedade em particular e castidade perpétua"[39].

Um aspecto que marcou toda a trajetória de Clara foram as enfermidades. Desde 1224, segundo os testemunhos, ela esteve doente. Entretanto, este fato não a impediu de dirigir a sua comunidade; manter contato com Francisco enquanto ele viveu, com outros frades, irmãs e com papas; escrever cartas e demais documentos, como uma *forma de vida* que foi aprovada pelo papa um pouco antes de sua morte, em 1253, bem como o seu testamento.

Clara morreu em 11 de agosto de 1253, sendo sepultada na Igreja de São Jorge. Pouco mais de dois meses depois de seu falecimento, em 18 de outubro, por meio da bula *Gloriosus Deus*, Inocêncio IV instituiu o processo para a sua canonização, que se iniciou em 24 de novembro. Clara foi

---

39. Ibid.

canonizada em 1255 pela bula *Clara claris praeclara*. Neste mesmo ano foi publicada a primeira hagiografia que lhe foi dedicada, redigida por Tomás de Celano, a *Legenda de Santa Clara*. Em 1260, o corpo da santa foi trasladado para a basílica construída em sua honra ao lado da Igreja de São Jorge.

O culto a Clara desenvolveu-se antes mesmo de sua canonização, como é possível concluir pelos testemunhos presentes no processo, e continuou vivo no decorrer dos séculos, com o crescimento e expansão da família franciscana. A modernidade da devoção a Clara pode ser exemplificada pelo fato de que, em 1958, Pio XII proclamou a santa medieval padroeira da televisão!

A partir dos testemunhos sobre Clara, se por um lado é possível identificar uma memória de santidade marcada pela virgindade, pureza, obediência e mortificação corporal, por outro, emerge uma mulher que possuía espírito de liderança, que lutou por seus princípios, preocupou-se em adaptar para a sua comunidade os ideais de vida comunitária e pobreza, propostos por Francisco.

Santa Guglielma

Escolhi terminar esta seleção de biografias e relatos sobre o culto de diferentes santas com um breve relato sobre uma personagem particular: Santa Guglielma. Ela é singular porque primeiramente recebeu culto e, anos depois, foi condenada pela inquisição. Desta forma, o principal documento para conhecer a trajetória de vida e culto a Guglielma é um processo inquisitorial, datado de 1300.

Segundo a tradição, Guglielma nasceu na Boêmia, por volta de 1210. Ela teria sido filha do Rei Ottokar I e, portanto, irmã de Inês de Praga, que foi seguidora de Clara de Assis e com quem trocou correspondência. Ela teria se estabelecido em Milão, em uma localidade próxima à abadia cisterciense de Chiaravalle, acompanhada de um filho, no ano de 1260, ou seja, em um momento de muitas transformações em todos os campos da organização social.

Enquanto vivia, Guglielma ganhou fama de santidade e é possível que tenha se tornado a líder de um grupo de admiradores-seguidores, formados por pessoas com diferentes perfis, tais como leigos vinculados à abadia cisterciense e humiliatti. Este grupo, segundo está registrado em um dos depoimentos do processo, acreditava que ela operara, inclusive, milagres em vida. Desta forma, no depoimento dado por Andrea Saramita à Inquisição, ele informou que Guglielma levava uma vida normal e que fizera milagres em vida e após a morte:

> Interrogado sobre se soube ou viu que Guglielma fizera algum milagre em vida, respondeu que sim, especialmente a magister Beltrame da Ferno, que tinha um sinal em um olho, e Albertone Novati, em relação a uma fístula que possuía. Interrogado sobre se soube ou viu que Guglielma fizera algum milagre depois de sua morte, respondeu que havia ouvido de certas mulheres que haviam feito votos a Santa Guglielma e, por seus rogos, obtiveram plenamente o que pediam[40].

Guglielma morreu em agosto de 1281, sendo sepultada no cemitério da Igreja de San Pietro all'Orto. Alguns de seus seguidores decidiram transladar os restos mortais para Chiaravalle, o que ocorreu cerca de um mês depois, com uma procissão que partiu do cemitério, atravessou a cidade e le-

---

40. MURARO, L. *Guillerma y Maifreda*: historia de una herejía feminista. Barcelona: Omega, 1997, p. 216 [Tradução minha].

vou o corpo até a igreja dos irmãos conversos no cenóbio cisterciense. A partir deste momento um culto público à recém-falecida, que certamente era apoiado pelos monges, surgiu.

Foi na abadia cisterciense que o grupo se reunia para devoção à santa e, durante tais encontros, ideias que suscitaram a desconfiança da Inquisição surgiram. Segundo os relatos, dois aspectos preocuparam particularmente as autoridades eclesiásticas: o papel preponderante que uma mulher, Maifreda, passou a ocupar junto ao grupo, chegando, segundo os autos do processo, a celebrar missas, e o desenvolvimento da crença de que Guglielma era a encarnação do Espírito Santo.

O culto a Guglielma teve pouca duração, pois logo foi instaurado um inquérito, do qual não possuímos os autos, mas que é mencionado na documentação preservada. Um novo processo foi realizado em 1300. Este finalizou com a condenação à morte das principais lideranças e a instituição de penas menores para os demais seguidores. Destaca-se, sobretudo, a ordem para que os restos mortais de Guglielma fossem exumados e queimados, com o objetivo de apagar a memória de santidade que foi construída e preservada por seus seguidores.

Considerações finais

Às trajetórias e memórias de santidade das mulheres aqui apresentadas muitas outras poderiam ser acrescentadas: Isabel de Portugal, Ângela de Foligno, Catarina de Sena, Brígida da Irlanda, Joana d'Arc, Maria da Cabeça, Alice, a leprosa, Isabel da Hungria, Inês de Moltepuciano, Santa Senhorinha de Basto, Brigite da Suécia, Cristina de Markyate, Clara de Montefalco, Clotilde, Conegunda, Isabel de Schönau, Gertrude de Nivelles, Maria d'Oignies, dentre muitas outras. Todas essas mulheres tiveram trajetórias singulares, despertando a devoção de diferentes grupos sociais.

No pensamento hegemônico medieval a mulher era vista como mais fraca física, espiritual e emocionalmente que o homem, mas isto não impediu que muitas delas fossem admiradas por suas qualidades cristãs e a crença em suas visões e feitos milagrosos em vida e após a morte. Neste sentido, ainda que em menor número face aos homens, várias mulheres foram reconhecidas publicamente como santas no decorrer do Medievo, seja pela Igreja Romana, por algum bispo, por uma comunidade religiosa, ou até por grupos leigos. Ou seja, por todo o Medievo elas nunca deixaram de suscitar admiração e devoção.

Como é possível verificar, não há como identificar um único perfil de santidade feminina medieval. Por um lado, as mártires da Antiguidade continuaram sendo veneradas e, por outro, novas mulheres foram identificadas como dignas de culto durante o medievo. Mesmo que nos casos apresentados tenham predominado as religiosas, elas não seguiram necessariamente os mesmos passos. Neste sentido, a construção da memória de santidade de cada uma delas realçou aspectos particulares: Escolástica dedicou sua vida à oração e contemplação, amando profundamente seu irmão; Radegunda renunciou ao luxo da corte e ao casamento; Valpurga estabeleceu-se no continente a fim de contribuir para a consolidação do cristianismo e foi a abadessa de uma comunidade dúplice; Oria viveu como emparedada e foi agraciada com visões; Hildegarda escreveu diversas obras sobre temáticas variadas e até pregou publicamente; Clara abraçou o ideal de pobreza, negando-se a receber bens, e Guglielma, uma mulher que, mesmo tendo um filho, suscitou veneração e posteriormente foi condenada por heresia.

O fenômeno da santidade é histórico e, como tal, não é estático. Assim, diversas mulheres foram reconhecidas como dignas de culto no decorrer da Idade Média, em profunda conexão com diferentes conjunturas, anseios sociais e relações de poder.

Referências

Documentação consultada

Acta Canonizationis. In: LAURENT, M.-H. (ed.). *Monumenta Ordinis Fratrum Praedicatorium Historica*. Vol. XVI. Roma: Institutum Historicum FF. Praedicatorum, 1935.

Acta Capitularum Generalium Ordinis Praedicatorum (1220-1303). In: REICHERT, B.-M. (ed.). *Monumenta Ordinis Fratrum Praedicatorium Historica*. Vol. I. T. III. Roma: Typographia Polyglotta S.C. de Propaganda Fide, 1898.

ANÔNIMO. Vita S. Senorinae Bastensis. In: PEREIRA, M.H.R. (ed.). *Vida e milagres de São Rosendo*. Porto: Junta Distrital do Porto, 1970, p. 111-147.

Apocalipse de João. In: *Bíblia Sagrada*. São Paulo: Sociedade Bíblica do Brasil, 1980, p. 302-321.

ATANÁSIO. *Contra os pagãos; a encarnação do verbo; apologia ao Imperador Constâncio; apologia de sua fuga; vida e conduta de Santo Antão*. São Paulo: Paulus, 2002, p. 285-367.

BASÍLIO MAGNO. *As regras monásticas*. Petrópolis: Vozes, 1983 [Trad. de Hildegardis Pasch e Helena Nagem Assad].

BRAULIO, Epistolário. *Epistolario de San Braulio*. Sevilha: [s.e.], 1975 [Intr., ed. crítica e trad. de L Riesco Terrero].

CASSIEN, J. *Institutions cenobitiques.* Paris: Du Cerf, 1965 [Sources Chrétiennes, 109] [Intr., trad. e notas de Jean-Claude Guy].

_____. *Conférences, I-VII.* Paris: Du Cerf, 1955 [Sources Chrétiennes, 42] [Intr., trad. e notas de E. Pichery].

CESÁRIO DE ARLES. *Ouevres monastiques I*: Oeuvres pour les moniales. Paris: Du Cerf, 1988 [Sources Chrétiennes, 345] [Intr., trad. e notes de Adalbert de Vogüé e Joël Courreau].

Concilios visigoticos e hispano-romanos. Madri: Csic/Instituto Enrique Florez, 1963 [Ed. de Jose Vives].

Didaché. São Paulo: Junta Geral de Educação da Igreja Metodista do Brasil, 1957 [Ed. de J.G. Salvador].

EUSÉBIO DE CESAREIA. *História eclesiástica.* São Paulo: Novo Século, 1999 [Trad. de Wolfgang Fischer].

Exemplar Epistolae Martini Papae. In: KRUSCH, B. *Passiones vitaeque sanctorum aevi Merovingici* – Monumenta Germaniae Historica. Tomo V. Hanover: Brepols, 1910, p. 452-456.

FLÓREZ, E. *España sagrada.* T. XXVI. Madri: Oficina de Pedro Marín, 1771.

GELABERT, M.; MILAGRO, J. & GARGANTA, J. (eds.). *Santo Domingo de Guzmán visto por sus contemporáneos.* Madri: BAC, 1947.

GERALDO DI FRACHET. Vitae Fratrum Ordinis Praedicatorum. In: REICHERT (ed.). *Monumenta Ordinis Fratrum Praedicatorium Historica.* Vol. I. Roma: Institutum Historicum FF. Praedicatorum, 1896.

GONZALO DE BERCEO. *Poema de Santa Oria.* Madri: Castalia, 1981, p. 9-69 [Ed. crítica de Isabel Úria Maqua].

GREGÓRIO DE TOURS. *Histoire des Francs.* 2 vols. Paris: Société d'Éditions 1979 [Les Belles Lettres] [Ed. de Robert Latouche].

GREGÓRIO MAGNO. *Vida e milagres de São Bento* – Livro segundo dos diálogos de S. Gregório Magno. Rio de Janeiro: Lumen Christi, 1986.

HUMBERTI DE ROMANIS. Legendae Sancti Dominici. In: TUGWEEL, S. (ed.). *Monumenta Ordinis Fratrum Praedicatorum Historica.* Vol. XXX. Roma: Istituto Storico Domenicano, 2008.

INÁCIO AOS ROMANOS. In: *Padres Apostólicos.* São Paulo: Paulus, 1995, p. 103-108.

INÁCIO DE ANTIOQUIA. *Cartas.* Petrópolis: Vozes, 1984 [Ed. de P.E. Arns].

IORDANO DE SAXONIA. Libellus de principiis ordinis praedicatorum. In: LAURENT, M.-H. (ed.). *Monumenta Ordinis Fratrum Praedicatorium Historica.* Vol. XVI. Roma: Institutum Historicum FF. Praedicatorum, 1935.

ISIDORO DE SEVILHA. *Etimologias.* Cambridge: Cambridge University, 2006 [Ed. de S. Barney, W.J. Lewis, J.A. Beach e O. Berghof].

_____. *Etimologias.* 2 vol. Madri: BAC, 1982, vol. 1, p. 682-683 [Ed. bilíngue preparada por Jose Oroz Reta e Manuel-A. Marcos Casquero; intr. de Manuel C. Díaz y Díaz].

_____. *El "De viris illustribus" de Isidoro de Sevilha.* Salamanca: Csic/Instituto "Antonio de Nebrija", 1964 [Ed. de Carmem Codoñer].

LEONARDI, C. (dir.). *La letteratura fracescana*. 6 vol. Milão: Fondazione Lorenzo Valla/Mondadori, 2004.

MARTINHO DE BRAGA. *Obras Completas*. Madri: Fundación Universitaria Española, 1990 [Ed. de Ursicino del Val].

MARTÍRIO DE POLICARPO. In: *Padres Apostólicos*. São Paulo: Paulus, 1995, p. 147-157.

ORDONHO DE CELANOVA. *Vida e milagres de São Rosendo*. La Coruña: Fundación Pedro Barrié de la Maza, 1990 [Ed. de M. Diaz y Diaz, M. Gomes e D. Pintos].

PACOMIO. *Reglas monásticas*. Burgos: Abadía De Silos, 2004 [Intr., trad. e notas de P. Ramón Alvarez Velasco].

PLATÃO. *The Dialogues of Plato*. Londres: Bantam Books, 1986 [Trad. de R.S. Bluck et al.].

Primeiro Macabeus. In: *Bíblia de Jerusalém*. São Paulo: Paulus, 1985, p. 788-837.

Reglas monásticas de la España visigoda. Madri: BAC, 1971 [Intr., versão e notas de Julio Campos Ruiz e Ismael Roca Melia].

Règle de Saint Benôit. Paris: Du Cerf, 1972 [Intr., trad. e notas de Adalbert de Vogüé; org. e apres. de Jean Neufville].

Regra dos monges – Pacômio, Agostinho, Bento, Francisco de Assis, Carmelo. São Paulo: Paulinas, 1993 [Intr. e comentários de Jean-Pie Lapierre].

SÃO GREGÓRIO MAGNO. *Vida e milagres de São Bento*. 7 ed. São Paulo: Artpress, 2011, p. 109-112.

Segundo Macabeus. In: *Bíblia de Jerusalém*. São Paulo: Paulus, 1985, p. 838-874.

SULPICE SÉVÈRE. *Vie de Saint Martin*. Paris: Du Cerf, 1967 [Sources Chrétiennes, 133] [Intr., texto, trad. e comentário de Jacques Fontaine].

TERTULIANO. *Apologeticus*. Cambridge: Harvard University Press, 1977 [Trad. de Gerald H. Rendall].

Vie de Saint Amand. In: HAYE, R. *Le Dossier Historique de Saint Amand*, p. 10-31 [Disponível em http://home.kpn. nl/r.delahaye/dossier%20historique%20de%20saint%20 Amand.pdf – Acesso em 03/12/2014].

Vita Amandi Episcopi. In: KRUSCH, B. *Passiones vitaeque sanctorum aevi Merovingici* – Monumenta Germaniae Historica. Tomo V. Hanover: Brepols, 1910, p. 437-449.

Vita fructuosi. Braga, 1974 [Ed. crítica de Manuel C. Díaz y Díaz].

Vita S. Antoni [Trad. de H. Ellershaw]. In: ROBERTSON, A. (ed.). *Select writings and letters of Athanasius, bishop of Alexandria* – Vol. 4: Early Christian literature, The Nicene and Post-Nicene Fathers. Nova York: Christian Literature, 1891, p. 569-632.

Sugestões de leitura

AMARAL, R. *A santidade habita o deserto* – A hagiografia à luz do imaginário social. São Paulo: Unesp, 2009.

BARTOLI, M. *Clara de Assis*. Petrópolis: Vozes/Família Franciscana do Brasil, 1998.

BASCHET, J. A *civilização feudal*: do ano 1000 à colonização da América. São Paulo: Globo, 2006.

BELL, R. & WEINSTEIN, D. *Saints and Society* – The Two Worlds of Western Christendom, 1000-1700. Chicago: University of Chicago Press, 1982.

BERESFORD, A.M. "La niña que yazié en paredes cerrada": the representation of the Anchoress in Gonzalo de Berceo's Vida de Santa Oria. In: DEYERMOND, A. & WHETNALL, J. (ed.) *Proceedings of the Eleventh Colloquium*. Londres: University of London, 2002, p. 45-56.

BERLIOZ, J. (org.). *Monges e religiosos na Idade Média*. Lisboa: Terramar, 1996.

BOLTON, B. *A Reforma na Idade Média*. Lisboa: Ed. 70, 1986.

BOUFLET, J. *Uma história dos milagres da Idade Média aos nossos dias*. Lisboa: Teorema, 2010.

BROWN, P. Enjoying the saints in late antiquity. *Early Medieval Europe*, n. 9, 2000, p. 1-24. Oxford.

_____. *The Cult of the Saints*: Its Rise and Function in Latin Christianity. Chicago: University of Chicago, 1981.

_____. The Rise and Function of the Holy Man in Late Antiquity. *Journal of Roman Studies*, vol. 61, 1971, p. 80-101. Londres.

CASANOVA, G. St. Walburga. In: *The Catholic Encyclopedia* [Disponível em www.newadvent.org/cathen/15526b.htm – Acesso em 14/11/2014].

CHÁVEZ HUALPA, F. El mundo mágico y religioso de la mujer leonessana (Italia). *Anthropologica*, vol. 20, n. 20, 2012, p. 247-265. Lima.

COLOMBÁS, G.M. *El monacato primitivo*. Madri: BAC, 2004.

CUNNINGHAM, L. *A Brief History of Saints*. Oxford: Blackwell, 2005.

DELOOZ, P. *Sociologie et canonisations*. Liège/Dans Haag: [s.e.], 1969.

DIAS, G.J.A.C. *Quando os monges eram uma civilização...* Beneditinos: espírito, alma e corpo. Porto: Afrontamento, 2011.

DIAS, J.A.C. Perspectivas bíblicas da mulher e monaquismo medieval feminino. *Revista da Faculdade de Letras* – História, série II, n. XII, 1995, p. 9-45. Porto.

DÍAZ Y DÍAZ, M.C. Notas para una cronologia de Frutuoso de Braga. *Bracara Augusta*, vol. 21, 1968, p. 215-223, esp. p. 222. Braga.

DIETZ, M. *Wandering monks, virgins and pilgrims* – Ascetic travel in the Mediterranean World, 300-800. University Park: The Pennsylvania University, 2005, p. 25-26.

DRONKE, P. *Las escritoras de la Edad Media*. Barcelona: Critica/Drakontos, 1995.

DUFFY, E. *Santos e pecadores*: história dos papas. São Paulo: Cosac & Naify, 1998.

FRANCO JÚNIOR, H. *A Idade Média* – Nascimento do Ocidente. São Paulo: Brasiliense, 2001.

GAJANO, S.B. Santidade. In: LE GOFF, J. & SCHMITT, J.-C. (orgs.). *Dicionário Temático do Ocidente Medieval*. 2 vol. Bauru/São Paulo: Edusc/Imprensa Oficial do Estado, 2002, vol. 2, p. 449-463.

GARCÍA DE LA BORBOLLA, A. La leyenda hagiográfica medieval: ¿una especial biografía? *Anuario de Historia de la Universidad de Navarra*, n. 5, 2002, p. 77-99. Pamplona.

GRIMAL, P. História de Roma. São Paulo: Unesp, 2010. http://www.ifcs.ufrj.br/~frazao/hh1.pdf [Acesso em 15/11/2014].

LAWRENCE, C.H. *The Friars*: the impact of the early mendicant movement on western society. Nova York: Longman, 1994.

LE GOFF, J. *São Francisco de Assis*. Rio de Janeiro: Record, 2001, p. 23.

LYON, H.R. (org.). *Dicionário da Idade Média*. Rio de Janeiro: Zahar, 1990.

MARTÍN, J.C. El corpus hagiográfico latino en torno a la figura de Isidoro de Sevilla en la Hispania tardoantigua y medieval. *Veleia*, n. 22, 2005, p. 187-228. Bilbao.

MERDRIGNAC, B. *La vie religieuse en France au Moyen Âge*. Paris: Ophrys, 2005.

MERLO, G. *Em nome de São Francisco* – História dos Frades Menores e do franciscanismo até inícios do século XVI. Petrópolis: Vozes, 2003.

MOREAU, É. *Saint Amand*: apotre de la Belgique et du nord de la France. Louvaina: Museum Lessianum, 1927.

MOSS, C.R. *Ancient Christian Martyrdom*: diverse practices, theologies and traditions. Londres: Yale University Press, 2012.

MURARO, L. *Guillerma y Maifreda*: historia de una herejía feminista. Barcelona: Omega, 1997.

OLIVARES GUILLEM, A. *Priscilianismo a través del tiempo – Historia de los estudios sobre el priscilianismo*. Fundación Pedro Barrié de la Maza/Instituto de Estudios Gallegos Padre Sarmiento, 2004.

ORLANDIS, J. *La vida en España en tiempo de los godos*. Madri: Rialp, 1991, p. 66-83.

PACHECO, M.P.D. Os proto-mártires de Marrocos da Ordem de São Francisco: muy suave odor de sancto martyrio. *Revista Lusófona de Ciências das Religiões*, vol. VIII, n. 15, 2009, p. 85-108. Lisboa.

PERKINS, J. *The Suffering Self*: Pain and Narrative Representation in the Early Christian Era. Londres: Routledge, 1995.

PERNOUD, R. *Hildegard de Bingen* – A consciência inspirada do século XII. Rio de Janeiro: Rocco, 1996.

PIROYANSKY, D. *Martyrs in the making*: political martyrdom in the late Medieval England. Hampshire: Palgrave MacMillan, 2008.

PRUDLO, D. *The origin, development and refinement of medieval religious mendicancies*. Leiden: Brill, 2011.

RUSH, A.C. Spiritual martyrdom in St. Gregory the Great. *Theological Studies*, vol. 23, n. 4, 1962, p. 569-589. Milwaukee.

RUST, L.D. & SILVA, A.C.L.F. A Reforma Gregoriana: trajetórias historiográficas de um conceito. *História da Historiografia*, vol. 3, 2009, p. 135-152. Rio de Janeiro/Ouro Preto.

RYAN, J.D. Missionary saints of the High Middle Ages: Popular Veneration and Canonization. *Catholic Historical Review*, vol. XC, n. 1, 2004, p. 1-28. Nova York.

SANCHÉZ RUIPÉREZ, M. Un pasaje de Berceo. *Revista de Filología Española*, n. 30, 1946, p. 382-384. Madri.

SILVA, A.C.L.F. Reflexões sobre a produção literária franciscana no século XIII. *Revista do Centro de Estudos Portugueses*, vol. 29, 2009, p. 107-137. Belo Horizonte.

_____. *Os concílios lateranenses e a vida religiosa feminina* – Reflexões sobre as normativas papais direcionadas às monjas nos séculos XII e XIII [Disponível em http://www.encontro2008. rj.anpuh.org/resources/content/anais/1212952596_ARQUI VO_npuhregional_2008_AndreiaCLFrazaodaSilva_FINAL. pdf –Acesso em 04/08/2014].

SILVA, A.C.L.F. (coord.). *Banco de dados das hagiografias ibéricas (séculos XI a XIII)*. Rio de Janeiro: Pem, 2009 [Coleção Hagiografia e História, vol. 1] [Disponível em http://www. ifcs.ufrj.br/~frazao/hh1.pdf – Acesso em 20/11/2014].

SILVA, L.R. *Monarquia e Igreja na Galiza na segunda metade do século VI:* O modelo de monarcas nas obras de Martinho de Braga dedicadas ao rei suevo. Niterói: EdUFF, 2008.

STERK, A. *Renouncing the World Yet Leading the Church*: The Monk-Bishop in Late Antiquity. Cambridge: Harvard University Press, 2004.

STRATHMANN, H. Martys, martyreo, martyria, martyrion. In: KITTEL, G. (ed.). *Theological Dictionary of the New Testament.* 10 vol. Grand Rapids: Eerdmans, 1968, vol. VI, p. 475-520.

TEIXEIRA, I.S. *Como se constrói um santo* – A canonização de Tomás de Aquino. Curitiba: Prismas, 2014.

THOMPSON, A. *Francis of Assisi*: a new biography. Nova York: Cornell Universitry Press, 2012.

VAUCHEZ, A. Cristianismo. In: *Dicionário do Tempo, dos Lugares e das Figuras*. São Paulo: Forense Universitária, 2013.

_____. *La santitá nel Medioevo*. Bolonha: Molino, 1989.

_____. O santo. In: LE GOFF, J. (dir.). *O homem medieval*. Lisboa: Presença, 1989, p. 211-230.

VELÁZQUEZ SORIANO, I. *Hagiografía y culto a los santos en la Hispania visigoda*: aproximación a sus manifestaciones literarias. Mérida: Museo Nacional Romano/Asociación de Amigos del Museo/Fundación de Estudios Romanos, 2005.

VOGÜÉ, A. *The rule of Saint Benedict*: a doctrinal and spiritual commentary. Kalamazoo, Michigan: Cistercian Publications, 1983.

Os autores

Andréia Cristina Lopes Frazão da Silva é graduada e licenciada em História pela UFRJ; mestre em História Antiga e Medieval e doutora em História Social também pela UFRJ. É professora titular do Instituto de História da UFRJ, atuando na graduação e no Programa de Pós-graduação em História Comparada. Integra a coordenação do Programa de Estudos Medievais da UFRJ. É Bolsista Pq2 do CNPq, atualmente desenvolvendo o projeto "A hagiografia bracarense face à restauração do arcebispado e a formação do reino de Portugal: uma proposta de leitura histórica", e Cientista do Nosso Estado-Faperj, com o projeto: "A construção medieval da memória dos santos venerados na cidade do Rio de Janeiro: uma análise a partir da categoria gênero". Dedica-se ao ensino, à pesquisa e à extensão no campo dos estudos medievais, com ênfase no estudo da santidade e das normas sociais.

Carolina Coelho Fortes é bacharel em História pela UFRJ, mestre em História Social pela mesma instituição e doutora em História pela UFF. Já lecionou História Medieval na UFRJ, Universidade Gama Filho, Fundação Getúlio Vargas e UFF – Campos, sendo, atualmente, professora do Departamento de História da UFF – Gragoatá. É membro do Programa de Estudos Medievais da UFRJ e membro-fundadora do Translatio Studii – UFF. Há duas décadas pesquisa aspectos diversos da Ordem dos Frades Pregadores, em especial questões relativas à santidade, gênero e identidade.

Leila Rodrigues da Silva é graduada e licenciada em História pela UFRJ, mestre em História Antiga e Medieval e doutora em História Social também pela UFRJ. É professora titular do Instituto de História da UFRJ, atuando na graduação e no Programa de Pós-graduação em História Comparada. Integra a coordenação do Programa de Estudos Medievais da UFRJ. Dedica-se às atividades de ensino, pesquisa e extensão no campo dos estudos medievais, com ênfase nas relações de poder nos reinos romano-germânicos. Participa atualmente do projeto "Modalidades de vida religiosa e relações de poder: estudo comparado de hagiografias medievais (séculos VI-XIII)", que coordena junto à Faperj, e desenvolve o projeto "Monacato, episcopado e literatura hagiográfica: *Vita Sancti Fructuosi* e *Vita Sancti Amandi* em perspectiva comparada (séculos VII-VIII)", com apoio do CNPq.

Paulo Duarte Silva é graduado e licenciado em História pela UFRJ, mestre e doutor em História Comparada pelo Programa de Pós-graduação em História Comparada da UFRJ. Também é professor-adjunto do Instituto de História da UFRJ, atuando na graduação e no Programa de Pós-graduação em História Comparada. Integra a coordenação do Programa de Estudos Medievais da UFRJ. Suas atividades de ensino, pesquisa e extensão, no campo da História Medieval, se associam aos seguintes temas: Igreja medieval; Calendário e festas cristãs; Concílios da Igreja medieval; Idade Média e medievalidade; Reinos bárbaros/romano-germânicos do Ocidente.

Ronaldo Amaral é graduado em História pela Universidade Estadual Paulista Júlio de Mesquita Filho, doutorado em História pela Universidade Estadual Paulista Júlio de Mesquita Filho. Atualmente é professor-adjunto da Universidade Federal de Mato Grosso do Sul. Tem experiência na área de História e Filosofia, com ênfase no período denominado de Antiguidade Tardia, atuando principalmente nos temas religiosidade, neoplatonismo, imaginário, hagiografia.

Valtair Afonso Miranda é graduado em Teologia pela FTSA, graduado e licenciado em História pela Universo, mestre em Teologia pelo STBSB, mestre em Ciências da Religião pela Umesp, doutor em Ciências da Religião pela Umesp, doutorando em História pelo Programa de Pós-graduação em História Comparada da UFRJ. É professor na Faculdade Batista do Rio de Janeiro. É colaborador do Programa de Estudos Medievais da UFRJ. Atualmente desenvolve pesquisas sobre História e Religião, com ênfase em Religião, identidade e sociedade na Antiguidade e Medievo, e foco nas práticas e representações milenaristas.

CULTURAL

Administração
Antropologia
Biografias
Comunicação
Dinâmicas e Jogos
Ecologia e Meio Ambiente
Educação e Pedagogia
Filosofia
História
Letras e Literatura
Obras de referência
Política
Psicologia
Saúde e Nutrição
Serviço Social e Trabalho
Sociologia

CATEQUÉTICO PASTORAL

Catequese
Geral
Crisma
Primeira Eucaristia

Pastoral
Geral
Sacramental
Familiar
Social
Ensino Religioso Escolar

TEOLÓGICO ESPIRITUAL

Biografias
Devocionários
Espiritualidade e Mística
Espiritualidade Mariana
Franciscanismo
Autoconhecimento
Liturgia
Obras de referência
Sagrada Escritura e Livros Apócrifos

Teologia
Bíblica
Histórica
Prática
Sistemática

REVISTAS

Concilium
Estudos Bíblicos
Grande Sinal
REB (Revista Eclesiástica Brasileira)
SEDOC (Serviço de Documentação)

VOZES NOBILIS

Uma linha editorial especial, com importantes autores, alto valor agregado e qualidade superior.

VOZES DE BOLSO

Obras clássicas de Ciências Humanas em formato de bolso.

PRODUTOS SAZONAIS

Folhinha do Sagrado Coração de Jesus
Calendário de mesa do Sagrado Coração de Jesus
Agenda do Sagrado Coração de Jesus
Almanaque Santo Antônio
Agendinha
Diário Vozes
Meditações para o dia a dia
Encontro diário com Deus
Guia Litúrgico

CADASTRE-SE
www.vozes.com.br

EDITORA VOZES LTDA.
Rua Frei Luís, 100 – Centro – Cep 25689-900 – Petrópolis, RJ
Tel.: (24) 2233-9000 – Fax: (24) 2231-4676 – E-mail: vendas@vozes.com.br

UNIDADES NO BRASIL: Belo Horizonte, MG – Brasília, DF – Campinas, SP – Cuiabá, MT
Curitiba, PR – Florianópolis, SC – Fortaleza, CE – Goiânia, GO – Juiz de Fora, MG
Manaus, AM – Petrópolis, RJ – Porto Alegre, RS – Recife, PE – Rio de Janeiro, RJ
Salvador, BA – São Paulo, SP